essentials

Frauke Kempner

Die digitale Vermüllung

CO$_2$-Emissionen im Spannungsfeld zwischen Klimaschutz und Datenflut

Frauke Kempner
SRH University Heidelberg/Campus München
Kirchheim, Deutschland

ISSN 2197-6708   ISSN 2197-6716   (electronic)
essentials
ISBN 978-3-662-73312-7   ISBN 978-3-662-73313-4   (eBook)
https://doi.org/10.1007/978-3-662-73313-4

Die Deutsche Nationalbibliothek verzeichnet diese Publikation in der Deutschen Nationalbibliografie; detaillierte bibliografische Daten sind im Internet über https://portal.dnb.de abrufbar.

Springer Gabler ist ein Imprint der eingetragenen Gesellschaft Springer-Verlag GmbH, DE und ist ein Teil von Springer Nature.
Die Anschrift der Gesellschaft ist: Heidelberger Platz 3, 14197 Berlin, Germany

Wenn Sie dieses Produkt entsorgen, geben Sie das Papier bitte zum Recycling.

Vorwort

In der heutigen Welt ist Kommunikation ohne digitale Medien kaum noch vorstellbar. Ob im privaten Alltag oder im beruflichen Kontext: Unsere Welt wurde inzwischen durch digitale Technologien nicht nur erweitert, sondern schlicht revolutioniert. Dadurch haben sich viele Chancen und Möglichkeiten ergeben, die sich durch einen erleichterten Zugang zu Wissen, der Förderung von Innovationen und vor allem durch globale Vernetzung auszeichnen. Gerade die rasante Entwicklung künstlicher Intelligenz zeigt eindrucksvoll, welches Potenzial in der Digitalisierung steckt und wie sehr sie das Leben bereichern kann. Bei aller Euphorie für technische Entwicklungen wird jedoch häufig übersehen, dass die Digitalisierung auch ihre Schattenseiten hat und neben Auswirkungen wie Technostress, Informations-Overload und einer Fragmentierung von Arbeits- und Sozialleben auch massiv zu einer negativen Klimabilanz beiträgt.

Während in der öffentlichen Wahrnehmung digitalisierte Prozesse als vielfach „sauber und klimaverträglich" angesehen werden, ist den meisten Menschen nicht bewusst, dass das tägliche kommunizieren via E-Mail, Whatsapp, Teams, TikTok und Co. einen erheblichen Anteil an der globalen CO_2 Bilanz ausmacht. Ein genauerer Blick hinter die Kulissen zeigt jedoch: die Speicherung, Verarbeitung und Übertragung von Daten erzeugt Treibhausgase in großem Stil.

Als große Verfechterin digitaler Prozesse und dem Einsatz von künstlicher Intelligenz ist es mir daher ein persönliches Anliegen, den Blick auch auf die CO_2-Auswirkungen der neuen Technologien zu lenken, ohne deren Einsatz in Abrede zu stellen. Mir geht es um einen bewussten Umgang mit den Möglichkeiten, die uns digitale Technologien heute anbieten, denn:

Nur weil man (digitalen) Dreck nicht sieht, heißt es noch lange nicht, dass er nicht da ist.

Im realen Leben zeigt sich für mich oftmals eine Art Doppelmoral: Menschen, die sich stark für Klimaziele einsetzen, auf nachhaltigen Konsum achten oder emissionsarmes Verhalten im Alltag praktizieren und predigen, übersehen oft, dass dieselben Prinzipien auch für die digitale Welt gelten sollten. Das unbewusste Verschwenden von Daten widerspricht dann den eigenen Nachhaltigkeitsansprüchen – schlicht, weil es meist unsichtbar bleibt und das Bewusstsein dafür fehlt. Das gilt im Übrigen nicht nur für die private Seite!

Auch Unternehmen sind gefordert, diese Aspekte stärker in ihre Nachhaltigkeitsberichterstattung zu integrieren. Es reicht nicht aus, über CO_2-Reduktion in Produktion, Logistik oder Mobilität zu berichten, wenn gleichzeitig digitale Infrastrukturen, Cloud-Nutzung und Datenmengen unbegrenzt generiert und verschwendet werden und so unbeachtet enorme Emissionen entstehen. Die Aufklärung von Mitarbeitern in Bezug auf digitale Vermüllung, Transparenz im Umgang mit Daten und deren Emissionslast, effizientere Strukturen der digitalen Zusammenarbeit und konkrete Maßnahmen technologiegeprägter Infrastrukturen müssen ein selbstverständlicher Bestandteil nachhaltiger Strategien werden.

Dieses Essential soll daher nicht nur aufklären, sondern vor allem konkrete Handlungsstrategien aufzeigen – sowohl für Privatpersonen als auch für Unternehmen. Denn nur wenn wir lernen, die Vorteile digitaler Technologien bewusst und effizient zu nutzen, können wir ihre Chancen ausschöpfen, ohne ihre negativen Auswirkungen auf unser Klima zu verschärfen.

Ihre

Kirchheim, Deutschland   Prof. Dr. Frauke Kempner

Was Sie in diesem *essential* finden können

- Einen Überblick über den Zusammenhang zwischen Digitalisierung, Datenmengen, Energieverbrauch und CO_2-Bilanz
- Die Bedeutung der digitalen Vermüllung für die Klimabilanz auf Basis verschiedener Datenkategorien
- Die Relevanz von Rechenzentren, Netzwerken und Endgeräten als Treiber von Treibhausgasen.
- Eine Darstellung digitaler Alltagspraktiken, wie E-Mails, Cloud-Nutzung und digitale Kommunikation sowie ihre oft unterschätzten Emissionen.
- Lösungsansätze und Handlungsstrategien für Individuen und Unternehmen, um digitale Prozesse bewusster, effizienter und nachhaltiger zu gestalten und digitale Vermüllung zu vermeiden.

Inhaltsverzeichnis

Einleitung 1

Die digitale Vermüllung – ein vielleicht etwas unkonventionell gewählter Titel für ein Essential. Dennoch beschreibt er treffend, mit welcher Herausforderung die heutige digitale Gesellschaft konfrontiert ist: die Produktion von Unmengen an Daten, Dateien und digitalen Spuren, die verhältnismäßig kaum genutzt, selten bis nie reflektiert und in der Regel nicht konsequent gelöscht werden. Während physische Müllberge längst als drängendes Umweltproblem erkannt wurden ist die Gefahr von unsichtbarem, digitalen Abfall bisher kaum präsent. Nur weil Daten keinen Geruch haben, keine sichtbaren Halden bilden oder physischen Platz beanspruchen heißt das nicht, dass sie folgenlos existieren; ganz im Gegenteil: Jede Google Suchanfrage, jeder ChatGPT Chat, jede WhatsApp, jedes Foto, jede E-Mail verbraucht Strom, Speicherplatz und damit CO_2.

Die Digitalisierung wird gerne als „saubere" oder auch klimaneutrale Alternative zu herkömmlichen Prozessen oder Aktivitäten propagiert: digitale Kassenbons als Ersatz zur ausgedruckten Variante, digitale Ablage und Konzerttickets oder Apps, die haptische Checkkarten ersetzen. Zur Wahrheit gehört jedoch: die sich im Hintergrund anhäufenden Datenberge tragen in erheblichem Maße zum Anstieg der globalen CO_2-Emissionen bei, da sie in energieintensiven Rechenzentren rund um die Uhr aufbewahrt, gekühlt und verarbeitet werden müssen. Vor diesem Hintergrund lautet die provokante Frage: Handelt die Gesellschaft nicht mit einer gewissen Doppelmoral? Wer seinen Papiermüll sorgfältig trennt, Flugreisen reduziert oder auf nachhaltige Produkte achtet, übersieht häufig, dass dieselben Prinzipien auch in der digitalen Welt gelten müssten. Denn während Klimaziele ausgerufen und über nachhaltigen Konsum diskutiert wird, häufen sich im Hintergrund Müllberge aus Daten an, die weder adäquat recycelt noch entsprechend genutzt oder weiterverarbeitet werden können. Die Folge: ein exponentiell wach-

© Der/die Autor(en), exklusiv lizenziert an Springer-Verlag GmbH, DE, ein Teil von Springer Nature 2026
F. Kempner, *Die digitale Vermüllung*, essentials,
https://doi.org/10.1007/978-3-662-73313-4_1

sender Anstieg an Treibhausgasemissionen, der in jüngster Zeit durch die Entwicklung und Nutzung von KI signifikant weiter begünstigt wird.

Dieses Essential beleuchtet den Zusammenhang zwischen Digitalisierung, Energieverbrauch und Treibhausgasemissionen. Es zeigt auf, wie Datenmengen entstehen, welche Datenkategorien es überhaupt gibt und warum gerade die unreflektierte Speicherung zu einem ernstzunehmenden Klimaproblem wird. Dadurch wird sichtbar, was bislang oft im Verborgenen bleibt: die digitale Welt ist nicht immateriell! Sie ist zutiefst materiell – und zwar mit einem handfesten ökologischen Fußabdruck, der sowohl auf privater wie auch auf institutioneller Seite exponentiell wächst. Allerdings gibt es Lösungsansätze, wie zukünftig digitale Müllhalden vermieden werden können. Neben einer größeren Bewusstsein gegenüber dem täglichen digitalen „Doing" und der damit verbundenen CO_2-Emissionen vermittelt dieses Essentiell zugleich konkrete Ideen und effiziente Handlungsstrategien. Dazu besteht die Gliederung aus den folgenden Hauptkapiteln:

Der Zusammenhang zwischen Digitalisierung und CO_2-Emissionen
Eine Hinführung zum Thema, die Chancen der Digitalisierung anerkennt, aber zugleich ihre ökologischen und sozialen Schattenseiten sichtbar macht sowie eine Darstellung dessen, wie sich die täglichen digitalen Routinen konkret auf die Klimabilanz auswirken und welche Mechanismen dahinterstehen.

Digitale Alltagspraktiken und ihr CO_2-Fußabdruck
Analyse typischer digitaler Routinen – von E-Mails über Online Meetings bis zu Social Media – und deren Beitrag zu Energieverbrauch und Emissionen.

Digital Decluttering – Lösungsansätze und Handlungsstrategien
Praktische Strategien, um digitale Ordnung zu schaffen, Routinen zu optimieren und den eigenen digitalen Fußabdruck nachhaltig zu reduzieren.

Schlusskapitel – Was Sie aus diesem Essential mitnehmen können
Zusammenfassung der Kernerkenntnisse sowie Impulse für einen bewussten und reflektierten Umgang mit digitalen Technologien.

Der Zusammenhang zwischen Digitalisierung und CO$_2$-Emissionen

2

2.1 Kohlenstoffdioxid – ein unsichtbares Klimagas

Seit Beginn der öffentlich kommunizierten Klimakrise stehen Begriffe wie CO$_2$-Ausstoß, Treibhausgase und Erderwärmung im Mittelpunkt öffentlicher wie auch wissenschaftlicher Debatten. Die daran anhängigen Diskurse betreffen Fragen zur Messung, zu den unmittelbaren wie auch langfristigen Auswirkungen wie auch die Suche nach Lösungen, um die vermeintlich menschengenerierte Klimakrise einzudämmen. Inzwischen ist deutlich geworden, dass CO$_2$ als sogenanntes Treibhausgas einen maßgeblichen Anteil an den heute spürbaren Auswirkungen der Erderwärmung hat. Neben Methan (CH$_4$), Lachgas (N$_2$O) und fluorierte Kohlenwasserstoffe (F-Gase) ist das bekannteste Treibhausgas Kohlenstoffdioxid (CO$_2$). Während Methan und Lachgas hauptsächlich in der Landwirtschaft wie auch in der Energiegewinnung entstehen, ist Kohlenstoffdioxid ein eher natürliches Gas, welches in erster Linie durch Atmung und Zersetzungsprozesse freigesetzt wird. Allerdings entsteht CO$_2$ auch durch menschliche Aktivitäten, wie die Verbrennung fossiler Brennstoffe, z. B. bei Kohle, Öl oder Erdgas. Auch die Abholzung von Wäldern, gerade in großen Regenwaldgebieten, wie dem Amazonasgebiet, trägt zur CO$_2$-Freisetzung bei. Seit Beginn der Industrialisierung ist die Gas-Konzentration in der Erdatmosphäre von vormals 280 ppm (parts per million) auf mittlerweile über 420 ppm (Nasa Science, 2025; Stand 2025) gestiegen – ein historisch beispielloser Anstieg in so kurzer

F. Kempner, *Die digitale Vermüllung*, essentials, https://doi.org/10.1007/978-3-662-73313-4_2

Zeit. Gerade durch Verkehr, Heizung, Industrieaktivitäten und die Nutzung fossiler Energieträger bei der Stromerzeugung werden jährlich rund 36 Mrd. t CO_2 weltweit freigesetzt (IEA, 2023; Stand 2022). Zur Messung der Klimabilanz hat sich in den vergangenen Jahren der Begriff des CO_2-Fußabdrucks manifestiert – eine Größenordnung, die helfen soll, die oft abstrakten Emissionen konkreten Aktivitäten und Konsumentenentscheidungen zuzuordnen.

2.2   Der CO_2-Fußabdruck – eine Messgröße für Klimawirkung

Der CO_2-Fußabdruck (engl. Product Carbon Footprint, PCF) ist als spezifische Messgröße Teil des ökologischen Fußabdrucks, welcher bereits Ende der 1990er-Jahren durch Wackernagel und Rees (1997) entwickelt wurde. Der ökologische Fußabdruck gilt inzwischen als ein weltweit anerkanntes Instrument bzw. Indikator zur Bewertung von Nachhaltigkeit, was sowohl die Politik wie auch NGOs zur Messung der Ressourcennutzung verwenden (Ewing et al., 2010). DerCO_2-Fußabdruck ist ein Maß für alle Treibhausgas-Emissionen, die im Lebenszyklus eines Produkts anfallen. Dieser wird dazu bestimmt, um die Klimawirksamkeit von Dienstleistungen, Waren, Transportwegen und Energien zu bestimmen und als messbare Größe zu kommunizieren. Der CO_2-Fußabdruck lässt sich demnach auch als ein eindimensionaler Ansatz der Ökobilanzierung bezeichnen und wird in Kilogramm oder Tonnen CO_2-Äquivalenten (CO_2e) gemessen. Aktuell ist zur Erfassung und Messung eine internationale Norm in der Entwicklung, welche unter der Bezeichnung ISO-Norm 14067 – Carbon Footprint of Products geführt wird, allerdings bis dato noch keinen gemeinsamen, internationalen Konsens erzielt hat.

Neben dem CO_2-Fußabdruck existiert insbesondere für Unternehmen seit 2016 auch das Konzept eines sogenanntes CO_2-Handabdrucks, dessen wissenschaftliche Methodik zur Erfassung in Finnland entwickelt wurde. Die Idee hinter dem CO_2-Handabdruck ist zu berechnen, in welcher Menge bzw. Höhe Kunden die Treibhausgasemissionen mit den Produkten und Dienstleistungen des jeweiligen Unternehmens im Vergleich zu einem Referenzprodukt oder einer Referenzdienstleistung eines anderen Anbieters verringern können. Der CO_2-Handabdruck ist somit das „positive Gegenstück" zum CO_2-Fußabdruck: Je größer der Handabdruck, desto besser.

Beispiel: Energiesparender Streaming Stick

Ein Anbieter von Streaming Zubehör entwickelt einen speziellen Stick, der im Standby-Modus nur 0,3 W statt der branchenüblichen 3–5 W verbraucht. Beim Abspielen benötigt er durch die optimierte Hard- und Softwarearchitektur bis zu 40 % weniger Energie, was im direkten Effekt dazu führt, dass jeder Nutzer im Jahr allein schon durch den geringeren Stromverbrauch mehrere Kilogramm CO_2e einspart, ohne sein Konsumverhalten ändern zu müssen und im indirekten Effekt der Hersteller einen neuen Branchen Benchmark setzen kann, was sich auf Wettbewerber auswirken und damit in die Investition energieeffizienterer Geräte auswirken kann. ◄

2.3 Digitale Emissionen: Das Paradox der „immateriellen Welt"

2.3.1 Daten sind nicht gleich Daten

In der heutigen Zeit sind Informationen und Daten ein essenzielles Gut jeder Gesellschaft. Ohne Datenaustausch wären Informationen und eine globale Vernetzung in der bekannten Form nicht möglich. Der Ursprung des heutigen Daten- und Informationsverkehrs liegt in der sogenannten Informatisierung des Alltags in den 1980er- und 1990er-Jahren. In dieser Zeit wurden erste Formen der elektronischen Vernetzung im Alltag sichtbar. Begriffe wie „Daten", „Informationen" oder auch „Computer" hielten Einzug in die Informationsgesellschaft und trugen zu maßgeblichen Veränderungen bei. So sollte der Bildschirmtext den Abschied von Druck und Papier forcieren (Haefner, 1984, S. 290), das Kabelfernsehen die „freie Information und Kommunikation […] überwuchern" (Ratzke, 1975, S. 104) oder zur Schaffung basisdemokratischer Strukturen beitragen (Modick & Fischer, 1984). In der Informatik konkretisierte sich währenddessen der Diskurs um die vermehrte Datenproduktion, die durch verschiedene Studien in den Fokus der Betrachtung rückte. So schätzte beispielsweise Becker (1986) in seinem Artikel „Can Users Really Absorb Data at Today's Rates? Tomorrow's?" dass auf Halbleiterspeichern ca. $1{,}25 \times 10^{11}$ Bytes pro Zoll gespeichert werden können. Dies würde einer Zollkette von rund 317.500 km Länge entsprechen – genug, um die Erde mehrfach zu umrunden.

Exkurs: Wie kommt es zu dieser Zahl?

Schritt 1: Bytes in Zeichen umrechnen

Annahme: 1 Byte = 1 Zeichen (z. B. ASCII Code oder ähnlich), dann gilt:

$1{,}25 \times 10^{11}$ Bytes = $1{,}25 \times 10^{11}$ Zeichen

Das sind 125.000.000.000 Zeichen.

Schritt 2: Zeichen pro Zoll auf einer Steintafel

Dazu könnte man z. B. die Keilschrift einer Steintafel annehmen, wo ca. pro Zeile ein bis zwei Zeichen untergebracht werden können, pro Zoll (2,54 cm) horizontal vielleicht 5–10 Zeichen – je nach Lesbarkeit.

Annahme: 10 Zeichen pro Zoll als obere Grenze.

Schritt 3: Zeichenmenge auf Zoll umrechnen

Wenn 1 Zoll = 10 Zeichen, dann:

125.000.000.000 Zeichen ÷ 10 Zeichen/Zoll = 12.500.000.000 Zoll

Schritt 4: In Kilometer denken

1 Zoll = 0,0254 m

12.500.000.000 Zoll × 0,0254 m/Zoll = 317.500.000 m = 317.500 km

Das entspricht etwa 8-fach dem Erdumfang (Erdumfang ~ 40.075 km).

Die Frage nach der Verwaltung, sinnvollen Sortierung und Automatisierung großer Datenmengen, ohne dass es zu einer maschinellen Überlastung kommt, wurde bereits Anfang der 1990er-Jahre von Denning gestellt (Denning, 1990, S. 402). Er ging davon aus, dass die Antwort im Einsatz von Maschinen liegt, die in der Lage sind, Muster und Verbindungen in den Daten zu erkennen und vorherzusagen, ohne deren Sinn notwendigerweise verstehen zu müssen.

Während zu Beginn der Informatisierung dem eigentlichen Charakter der generierten Datenmenge wenig Aufmerksamkeit geschenkt wurde, unterscheiden sich Daten heute hinsichtlich ihres Zwecks, ihrer Nutzung und vor allem der Verwendung von Speicherkapazitäten. Dabei erfolgt eine Differenzierung nach den folgenden Kategorien (Tom Corcy Esq, 2017):

Clean Data

Bei Clean Data, auch „saubere Daten" genannt, handelt es sich um fehlerfreie, aktuelle, nutzbare und strukturierte Daten, die gezielt verwendet und somit auch gepflegt, bearbeitet und erfasst werden. Sie sind in der Regel vollständig und konsistent, frei von Duplikaten oder (Tipp-)Fehlern, erfüllen ihren Zweck und sind aktuell für Geschäfts- oder Forschungszwecke. Zudem sind sie rechtlich und ethisch unbedenklich nutzbar. Als Beispiel für Clean Data lassen sich Kundendaten in einem CRM-System anführen, die regelmäßig gepflegt werden.

ROT Data

ROT-Daten setzen sich aus den englischen Wörtern redundant, obsolete und trivial zusammen und bezeichnen Daten, die mehrfach vorhanden sind, für die täglichen (Geschäfts-)Prozesse aber nicht mehr relevant sind. Wie der Name schon sagt, handelt es sich häufig um Daten, die als Duplikate auf unterschiedlichen Laufwerken oder in Systemen gespeichert sind. Dennoch existieren sie weiter – teils aus der Befürchtung heraus, sie rechtlich aufbewahren zu müssen (z. B. bei Steuerbelegen), teils, um potenziell nochmal bestimmte Daten abrufen zu können, und teils schlicht aus Unaufmerksamkeit, redundante Daten konsequent zu löschen. ROT-Daten haben wenig Wert und verursachen zahlreiche Probleme: Verlangsamung von Laufwerken, erhöhte Speicherkosten, Verschwendung von Speicherkapazitäten, ineffiziente Prozesse und die Verletzung von Datenschutz- und Compliance-Richtlinien.

Dark Data

Als Dark Data werden gesammelte, aber ungenutzte oder unbrauchbare Daten bezeichnet. In der Regel ist ihre Existenz kaum bekannt, und sie werden gespeichert, ohne dass ein klarer Zweck oder Nutzen mit ihnen in Verbindung gebracht wird. Sie sind in der Regel unstrukturiert, veraltet, haben keinen konkreten Informationsgehalt und/oder sind fehlerhaft. Sie liegen auf veralteten Festplatten, in Archiven oder Backups. Beispiele für Dark Data sind E-Mails mit großen Anhängen, Server-Logs, die nie ausgewertet oder verwendet werden, Datenbankeinträge von Kunden, die längst inaktiv sind, automatisch erzeugte Backups oder Systemdaten, deren Zwecke weder klar sind noch jemals von Belang waren, sowie ganz einfache Arbeitsdokumente, die mehrfach gespeichert oder als Kopie von der Kopie abgelegt wurden. Laut IBM sind inzwischen fast 80 % aller gespeicherten Unternehmensdaten Dark Data, mit steigender Tendenz. Deutschland ist in diesem Bereich sogar weltweiter Spitzenreiter, noch deutlich vor China und den USA (Abb. 2.1).

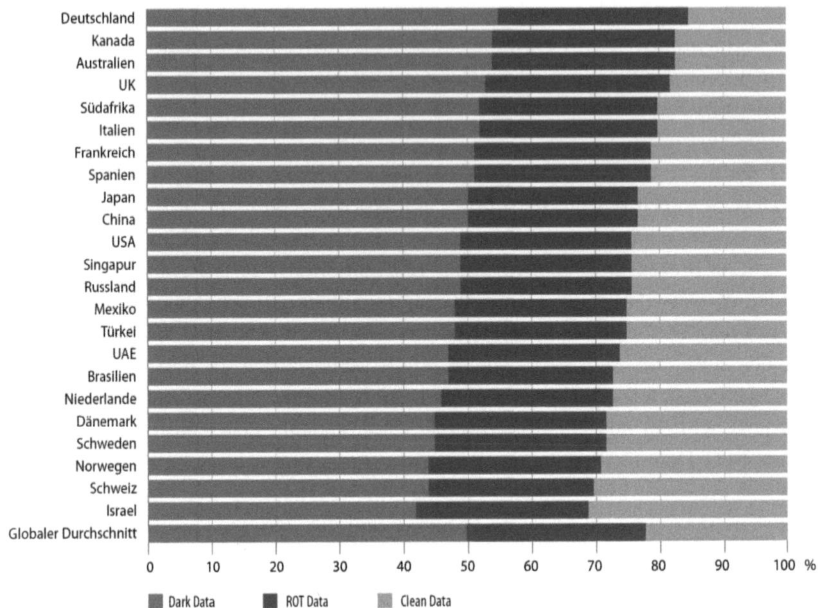

Abb. 2.1 Anteil von Dark-Data in Unternehmen im internationalen Vergleich

2.3.2   Zusammenhang zwischen Daten, Stromverbrauch und CO_2

Vor Beginn der digitalen Informatisierung der Gesellschaft Ende der 80er-Jahre waren ca. 99 % aller Daten analog. Mit Erfindung des World Wide Webs und des damit verbundenen exponentiellen Wachstums von Daten liegt heute der Anteil digitaler Daten bei 99 %. Jeder Mensch und jede Organisation nutzen und erzeugen täglich Daten, z. B. durch Smartphones, PCs oder am Arbeitsplatz. Durch die zunehmende Etablierung von Künstlicher Intelligenz ist die Zahl der jährlich weltweit generierten Daten nochmals exponentiell gestiegen. Wurden im Jahr 2010 mit ca. 2 Zettabyte (das entspricht 2 Mrd. Terabyte) noch verhältnismäßig wenig Daten generiert, so lag die Zahl im Jahr 2022 bei über 100 Zettabyte (IDC, 2021), was einer Verfünfzigfachung des jährlichen Datenvolumens entspricht, Tendenz steigend. Der Umgang mit Daten erfordert somit nicht nur eine besondere Achtsamkeit in Bezug auf den Umgang mit ihnen sondern auch bezüglich ihrer Nutzung und Verwertung, wobei klarzustellen ist, dass nicht alle existierenden und produzierten

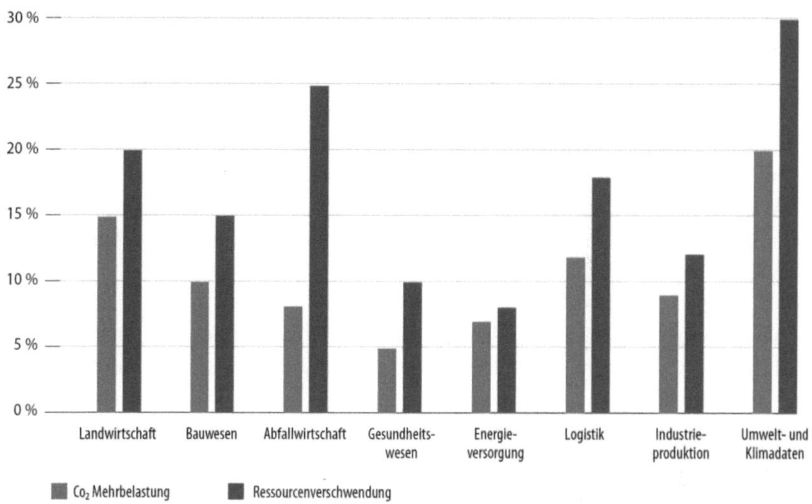

Abb. 2.2 Auswirkungen von Datenlücken in verschiedenen Branchen

Daten auch tatsächlich zielorientiert genutzt oder überhaupt genutzt werden. Allein in Deutschland bleiben aktuell ca. 80 % der in der Industrie erzeugten Daten – auch Open Data – ungenutzt bzw. werden nicht weiterverwendet und in vielen Bereichen werden umgekehrt noch zu wenig Daten, ungeeignete oder qualitativ minderwertige Daten erhoben. Für Innovationen und Wettbewerbsfähigkeit stellt dies ein massives Problem dar (Abb. 2.2).

Beispiele für ineffiziente, nicht genutzte Datengenerierung

Beispiel Landwirtschaft

In der Landwirtschaft sowie auch in der Lebensmittelproduktion werden viele Daten, z. B. in Bezug auf Wetter, Bodenbeschaffenheit oder auch Ertragsmengen immer noch nur punktuell und unzureichend erfasst. Gerade kleine und mittlere Unternehmen sind häufig nicht mit optimalen technischen Equipment ausgestattet. In der Folge führt dies z. B. zu ineffizientem Düngereinsatz, Wasserverschwendung (z. B. bei mangelnder Bodensensorik wird die Bewässerung nicht optimal gesteuert) und unnötigen CO_2-Emissionen.

Beispiel Bauwesen & Infrastruktur

Das heutige Bauwesen ist mehr denn je auf die Nutzung und Verwertung adäquater Daten angewiesen, werden doch immer mehr nachhaltige und damit energieeffiziente Bauten gefordert. Das Problem besteht jedoch in der Tatsache, dass Bauprojekte zwar in der Regel den Fortschritt dokumentieren, nicht aber Echtzeitdaten zu Energieverbrauch, Materialeinsatz, Emissionen und Ressourcen bereitstellen. So stellt z. B. allein 1 m^3 Ortbeton ohne/mit wenig Bewehrung einen Anteil von ungefähr 300 kg CO$_2$e dar, wobei der Wert deutlich steigt mit zunehmenden Zementgehalt oder viel Bewehrung. Jede Verschwendung von nicht eingesetztem Beton führt somit zu weiteren unnötigen Emissionen. Würden z. B. Baustellen-Daten umfangreicher erfasst werden, könnten Nachkalkulationen, Materialverschwendungen und ineffiziente Baustellen um ein Vielfaches reduziert werden. ◄

Wie bereits dargestellt, machen es digitale Daten möglich, die analoge Welt mithilfe von Computern abzubilden, diese zu analysieren und zu steuern. Die daraus resultierenden Anwendungen generieren wie in einer Art Schneeballsystem ständig neue Daten und ermöglichen damit neue digitale Anwendungen, was zu einer Art *Perpetuum mobile* führt und auf lange Sicht eine schier unfassbare Menge an Daten produzieren wird. Schätzungen zufolge wird es bis zum Jahr 2028 ein weltweit jährliches Datenvolumen von 394 Zettabyte geben (IDC, 2021).

Die rapide Zunahme an Datenmengen ist nicht nur ein Synonym fortschreitender Digitalisierung, sondern Defizite in der bisherigen Nutzung von Daten zeigen auf, dass die Generierung dessen inzwischen als eigenständiger Treiber von strukturellen Veränderungen in Wirtschaft, Wissenschaft und Gesellschaft angesehen und somit als „Megatrend" der Zukunft eingeordnet werden kann (ähnlich wie der demografische Wandel oder die Globalisierung). Damit einher gehen steigende Anforderungen an die dafür zugrunde liegende, digitale Infrastruktur. Je mehr Daten erzeugt, gespeichert, verarbeitet und übertragen werden, desto mehr Speicherkapazitäten werden benötigt, desto schnellere „Rechenleistungen" erwartet. Dies stellt Rechenzentren, Netzwerkknoten, Mobilfunksysteme und digitale Endgeräte zunehmend vor Herausforderungen, die in ihrem bereits bestehenden Ausmaß in der öffentlichen Wahrnehmung noch nicht vollends erkannt werden. Da Daten häufig als „immateriell" gelten ist das Bewusstsein der Tatsache gegenüber, dass es sich bei ihrer Erzeugung, Verarbeitung und Speicherung um energieintensive, physisch verortete Prozesse handelt, nur wenig präsent. Die Aufbewahrung und Speicherung von Daten (das sog. Hosting), wie auch die ständige Verfügbarkeit erfordert Serverhallen, Rechenzentren und Netzwerkinfrastrukturen, deren Betrieb und Aufrechterhaltung nicht nur einen kontinuierlichen Stromverbrauch erfordert, sondern auch zusätzliche Ressourcen für Kühlung, Redundanzsysteme und Wartung beansprucht. Der Energiebedarf und damit der Stromverbrauch weist somit eine direkte Korrelation mit dem exponentiellen Wachstum des Datenvolumens auf, allerdings nicht in Form eines linearen Zusammenhangs sondern deutlich überproportional, da gerade rechenintensive Anwendungen, wie hochauflösende Video Streamings, maschinelles Lernen, die Erzeugung von KI generierten Bildern und Anwendungen eine deutlich höhere Leistungsaufnahme beanspruchen als herkömmliche Datenmengen. Vor diesem Hintergrund lässt sich auch erklären, warum der weltweite Stromverbrauch seit der letzten Dekade deutlich angestiegen ist. So hat sich der globale Stromverbrauch von rund 15.000 TWh im Jahr 2000 auf knapp 28.000 TWh im Jahr 2024 nahezu verdoppelt (Enerdata, 2025), was einer jährlichen Wachstumsquote von rund 2,2 % entspricht (Anm.: Allein in China hat sich in den letzten 4 Jahren eine jährliche Wachstumsrate von 4 % ergeben).

Der weltweit durchschnittliche CO_2-Emissionsfaktor für Strom lag im Jahr 2023 bei rund 436 g CO_2/kWh. Bezogen auf die aktuell zu erreichenden 30.000 TWh des weltweiten Gesamtstromverbrauchs entspricht dies einem jährlichen Ausstoß von rund 13 Gigatonnen CO_2 – das sind etwa 40 % der gesamten energiebedingten Emissionen (Masanet et al., 2020, S. 985). Die digitale Transformation und die damit einhergehende rasante Entwicklung von Datenmengen steht somit in einem direkt kausalen Zusammenhang zum Strombedarf bzw. -verbrauch und der CO_2-Bilanz und verstärkt damit den anthropogenen Klimawandel.

> **CO_2-Emissionen der Energiegewinnung im Vergleich**
> **Kohle**: 820–1050 g CO_2/kWh
> **Erdgas**: 450–500 g CO_2/kWh
> **Öl**: 650–900 g CO_2/kWh
> **Erneuerbare Energien (Wind, Solar, Wasserkraft)**: nahe 0 g CO_2/kWh
>   (nur indirekte Emissionen aus Herstellung und Wartung)

2.3.3   Relevanz von Rechenzentren, Netzwerkinfrastruktur und Endgeräten

Wie bereits im vorherigen Kapitel angesprochen, erfordert die Wartung, Speicherung und Nutzung von Daten energieintensive Rechenprozesse, die damit nicht nur den Stromverbrauch, sondern auch den CO_2-Ausstoß massiv erhöhen – vor allem vor dem Hintergrund der rasanten Entwicklung von KI. In vielen Regionen der Welt, an denen Hochleistungs-Rechenzentren stehen, überwiegt jedoch der Anteil an Kohle- und Gaskraftwerken, sodass der klimarelevante Fußabdruck digitaler Anwendungen deutlich höher ist, als es ihre immaterielle Natur vermuten ließe. Das größte Problem liegt dabei in der Kühlung der entsprechenden Systeme, die allein knapp 40 % des gesamten Stromverbrauchs beanspruchen (Grünwald & Caviezel, 2022, S. 48–51). Je mehr Daten ein Rechenzentrum aufbewahrt, desto größer muss die Rechenleistung sein und umso höher ist der damit verbundene Stromverbrauch. Gerade KI-Zentren arbeiten inzwischen mit Hochleistungs-GPUs, deren Energiebedarf in den vergangenen drei Jahren um fast das doppelte pro Rack angestiegen ist. So lag z. B. im Jahr 2022 der globale Stromverbrauch von Rechenzentren (ohne Krypto) bei ca. 300 TWh, was ungefähr 1,1 % des weltweiten Stromverbrauchs entspricht (Grünwald & Caviezel, 2022, S. 50). Prognosen zufolge ist jedoch von einem rasanten Anstieg auszugehen, da Künstliche Intelligenz und beschleunigte Server, die den größten Energieverbrauch aufweisen, nun auch von Privatpersonen genutzt werden können. Erste Schätzungen sagen bis 2030 einen Energiebedarf von 1050 TWh voraus und damit einer Größenordnung, die dem heutigen Stromverbrauch von ganz Japan entspricht (Grünwald & Caviezel, 2022, S. 51).[1] Zwar versuchen Unternehmen wie Google, Amazon oder Microsoft durch Hyperscale Rechenzentren IT Leistungen zu zentralisieren, jedoch steigert dies aufgrund des hohen Nutzungsgrads den absoluten Verbrauch, auch wenn die Energie-Intensität im ersten Moment verringert wird. Weitere Maßnahmen zur Einsparung von Energie ist die Verlagerung von Standorten, vorrangig von eher heißen Staaten mit fossilen Brennstoffen wie Texas zu kühleren Umgebungen mit eher erneuerbaren Energien wie Schweden.

Neben Rechenzentren als solches bedarf es mit Blick auf CO$_2$-Emissionen auch einer näheren Betrachtung der Netzwerkinfrastruktur sowie der Nutzung entsprechender Endgeräte. Zur Netzwerkinfrastruktur zählen z. B. Backbone oder Access-Netze, wie Glasfaser, DSL oder Mobilfunk als auch Edge Netze, die jedes für sich erheblich zum Energieverbrauch beitragen. Zwar ist der Trend zum Glasfaserausbau aktuell ungebrochen, da dieses als effizienter als die bisherigen Kupferkabel gelten, dennoch ist bereits heute davon auszugehen, dass die rasant zunehmende Datennutzung und damit der benötigte Energieverbrauch auch über Glasfaser in naher Zukunft nicht mehr adäquat abbildbar ist (Belkhir & Elmeligi,

---

[1] Zum Energieverbrauch von IKT und Rechenzentren gibt es aktuell unterschiedliche Prognosen und Berechnungen. Grünwald und Caviezel (2022) geben dazu einen Überblick und erläutern die teils erheblichen Abweichungen. Allerdings besteht Einigkeit dahingehend, dass der Energieverbrauch deutlich ansteigen wird.

2018, S. 449). Abgesehen davon entstehen zusätzliche CO_2-Emissionen durch die Herstellung und den Transport von Netzwerkkomponenten wie z. B. Switches oder Router, welche auch als „graue Emissionen" bezeichnet werden. In der Gesamtbetrachtung werden diese Komponenten häufig unterschätzt, sie können aber bis zu einem Drittel die Lebenszyklusemissionen einer Netzwerkinfrastruktur ausmachen.

Exkurs: Graue Emissionen
Mit dem Begriff graue Emissionen werden CO_2-Anteile bezeichnet, die nicht während der Nutzung oder des Betriebs von Produkten oder Infrastrukturen entstehen, sondern die während der Herstellung, des Transports und der Entsorgung anfallen. Häufig werden sie auch als *Embodied Emissions* oder *vorgelagerte Emissionen* bezeichnet. Viele Hersteller werben zwar häufig mit Energieeffizienz (z. B. bei Haushaltsgeräten), jedoch ist bereits während des Herstellungsprozesses der Energieaufwand ungleich höher, da z. B. bestimmte Metalle, Kunststoffe, seltene Erden oder für den Mobilfunkmarkt komplexe Halbleiter, Glasfaser oder Mobilfunkantennen benötigt werden. Auch während des Transports (gerade mit Blick auf die weltweite Herstellung von Endgeräten) oder im Rahmen der Installation fallen Emissionen an, was ebenso für regelmäßige Updates, Wartung und Ersatzteilbeschaffung gilt.

Für Verbraucher sind Rechenzentren und Netzwerkstrukturen mit Blick auf die CO_2-Bilanz nicht immer im Vordergrund des Bewusstseins, wenn es um den direkten Zusammenhang zwischen Datennutzung, Traffic und Emissionen geht. Dennoch trägt der Mensch durch sein Konsumverhalten im Kontext der Nutzung von digitalen Endgeräten massiv dazu bei, dass die CO_2-Emissionen in jüngster Zeit rasant gestiegen sind. Smartphones, Laptops, Tablets oder auch IoT-Geräte bilden die Schnittstelle zwischen Mensch und digitaler Welt. Mit Blick auf die Lebensdauer vieler Geräte, die teils auch herstellerforciert ist, beginnt bereits bei der Produktion von Endgeräten eine energieintensive Belastung. Studien zufolge erzeugt die Herstellung eines modernen Smartphones z. B. ca. 80 kg CO_2-Äquivalenzen, ein Laptop sogar zwischen 200 und 500 kg (Andrae & Edler, 2015, S. 121–123). Während der Nutzung sind Endgeräte auf Strom angewiesen, der in komplexen

Akkustrukturen gespeichert, oder durch aktives Laden, Datenübertragung oder Cloud Dienste aktiv zugefügt wird. Es ist demzufolge ein Irrglaube, dass mobile Endgeräte, die nicht aktiv mit einem Stromspender verbunden sind, keinen Strom benötigen und damit keine Emissionen verursachen. Ein intensiver Nutzer verursacht durch regelmäßiges Laden und die Nutzung seines Endgeräts je nach Gerätetyp allein 20–50 % der Gesamtemissionen (Hischier, 2015, S. 62). Ein weiterer Aspekt ist die Entsorgung. Durch Recyclingprozesse oder Deponierung entstehen auch am Ende der Lebensdauer von Endgeräten CO_2-Emissionen, die sich sogar noch erhöhen können, wenn Elektronikschrott unsachgemäß entsorgt oder unzureichend recycelt wird.

2.3.4 Gesellschaftliche Wahrnehmung digitaler Umweltwirkungen

Während klassische Umweltbelastungsfaktoren, wie Kernkraftwerke, Dieselfahrzeuge, landwirtschaftliche oder industriell geprägte Emissionen in der gesellschaftlichen Wahrnehmung als nahezu logisch gelten, ist das Bewusstsein in Bezug auf digitale Technologien bisher wenig ausgeprägt. Dies liegt daran, dass der Energieverbrauch digitaler Dienste häufig als immateriell erscheint und durch den Unsichtbarkeitseffekt eine Entkopplung zwischen Nutzung und eigentlicher Emissionsquelle stattfindet: Streaming, Kommunikation, das Speichern von Daten oder die Nutzung von Apps und Video/Fotodiensten werden an einem Endgerät durchgeführt, während die eigentlichen energieintensiven und damit belastenden Rechenprozesse im Hintergrund laufen und damit räumlich ausgelagert sind. Zwar wächst laut Studien das Bewusstsein in der Bevölkerung gegenüber digitalen Emissionen, aber was eine E-Mail oder eine WhatsApp direkt mit dem Erzeugen von CO_2-Emissionen zu tun hat, kann in den wenigsten Fällen eindeutig beantwortet werden.

Wesentliche Gründe dafür sind zum einen die kognitive Prioritätensetzung bei der Nutzung digitaler Endgeräte und zum anderen die häufig verzerrte Darstellung der Tech-Industrie in Bezug auf vermeintlich „grün" oder „emissionsfrei" geltende Infrastruktur.

Ein weiterer Aspekt ist, dass gesellschaftliche Wahrnehmungsmuster stark kulturell geprägt sind. So spielt zum Beispiel in skandinavischen Ländern das Thema Nachhaltigkeit sowohl in der Politik wie auch in der Gesellschaft eine wichtige Rolle, sodass auch die Sensibilität für digitale Umweltauswirkungen signifikant höher einzustufen ist als in Regionen, wo Klimaschutz eine eher untergeordnete

Rolle spielt. Gesamtgesellschaftlich lässt sich feststellen, dass jüngere Generationen, insbesondere Digital Natives, einerseits zwar immer intensiver digitale Dienste nutzen, anderseits aber auch ein zunehmend höheres Bewusstsein gegenüber digital bedingten, ökologischen Effekten verfügen, was auch den allgemeinen Trend zu z. B. refurbished Angeboten auf dem Elektronikmarkt begünstigt.

2.3.5   Berechnung des individuellen digitalen CO_2-Fußabdrucks

Die bisher dargestellten Aspekte in Bezug auf digitale Emissionen und damit den direkten wie auch indirekten Auswirkungen der Digitalisierung auf die CO_2-Bilanz erfassen eher grundlegende Annahmen bzw. Durchschnittswerte. Sinnvoller wäre jedoch eine Vorgehensweise, die auf Basis von CO_2-Rechnern individuelle Annahmen und Angaben zum Bestand wie auch zu den Nutzungsgewohnheiten von privaten Endverbrauchern aufzeigt und somit die individuelle „digitale Vermüllung" einschließlich des digitalen CO_2-Fußabdrucks berechnet. Im Auftrag des Bundes für Umwelt und Naturschutz Deutschland e. V. (BUND) wurde 2020 dazu eine Studie in Auftrag gegeben, die eine Berechnung des ökologischen Fußabdrucks unter Einbezug der Nutzung von Produkten und Dienstleistungen der Informationstechnik vornimmt und eine Vielzahl von Modellannahmen trifft (Gröger et al., 2020). Die Berechnung basiert auf folgenden Faktoren:

- Herstellung und Nutzung von Geräten: Für Geräte wird sowohl der CO_2-Ausstoß bei der Produktion als auch während der Nutzung einbezogen.[2] Die Herstellungsdaten stammen wiederum aus bestehenden Ökobilanzen, die allerdings kritisch zu betrachten sind, da sie in der Regel auf verschiedenste Methoden ermittelt werden und eher Durchschnittswerte entsprechen.
- Transportemissionen werden mitgerechnet, wenn sie in den genutzten Ökobilanzen enthalten sind. Entsorgungs-Emissionen und mögliche CO_2-Gutschriften durch Recycling werden nicht berücksichtigt, da ihr Einfluss auf die Gesamtbilanz vergleichsweise gering ist.

---

[2] Inkludiert Computer, Fernsehgeräte, Smartphones, Tablet-Computer, Spielkonsolen, Router, Sprachassistenten sowie Smart-Home-einschließlich Internet-of-Things-Equipment sowie die Internetnutzung (über kabelgebundene und mobile Netzwerke), Streamingdienste und Cloud-Storage.

- Dienstleistungen (z. B. Cloud-Dienste oder Streaming): Hier werden die Emissionen berechnet, die bei der Bereitstellung entstehen.
- Fehlende Daten zu Geräten (z. B. Lebensdauer oder Nutzungsdauer pro Tag) wurden vom Öko-Institut auf Basis von Fachwissen geschätzt.
- Der Herstellungsaufwand pro Jahr wird berechnet, indem der gesamte CO_2-Ausstoß der Herstellung durch die Nutzungsjahre beim Erstbesitzer geteilt wird. Wenn das Gerät weiterverkauft oder anderweitig zweitgenutzt wird, fallen für diese zweite Phase keine Herstellungsemissionen mehr an.
- Der Energieverbrauch wird aus den jährlichen Betriebsstunden, der Leistungsaufnahme und eventuellen Standby-Verlusten ermittelt.
- Für die Umrechnung des Stromverbrauchs in CO_2-Emissionen wird ein fester Emissionsfaktor verwendet, der den deutschen Strommix für das Jahr 2018 widerspiegelt: 0,468 kg CO_2 pro Kilowattstunde (Icha, 2020).

Basierend darauf berechnet nachstehende Formel die Treibhausbilanz von Produkten folgendermaßen:

$$THG_{ProduktX} = \left(THG_{Herstellung} \text{ / Lebensdauer Erstnutzung} \right) + $$
$$Emissionsfaktor_{Strom}{}^{*} \left(\text{jährliche Nutzungsstunden}^{*} P_{Aktiv} + \right.$$
$$\left. \left(8760h - \text{jährliche Nutzungsstunden} \right)^{*} P_{Standby} \right)$$

Für Dienstleistungen werden die Treibhausgasemissionen über einen Mengenfaktor kalkuliert, der die Anzahl und die Intensität der Dienstleistungen berechnet:

$$THG_{Dienstleistung} = \text{Inanspruchnahme}^{*} THG_{Nutzungseinheit}$$

Der individuelle ökologische Fußabdruck setzt sich somit aus dem Ergebnis von genutzten Produkten und Dienstleistungen aus der Informationstechnik zusammen, wobei erste Studien zwischen einer intensiven und einer durchschnittlichen Nutzung unterscheiden (Gröger et al., 2020). Die grundlegenden Annahmen zur Berechnung des CO_2-Fußabdrucks finden sich in der Tab. 2.1 und liefern die in Abb. 2.3 und 2.4 dargestellten Ergebnisse – getrennt nach durchschnittlicher und intensiver Nutzung:

Tab. 2.1 Durchschnittliche und intensive Nutzung von IKT

Geräte/Dienste	Durchschnittliche Nutzung		Intensive Nutzung	
	Anzahl Geräte	Nutzungsintensität/ Annahmen	Anzahl Geräte	Nutzungsintensität/ Annahmen
IKT-Geräte				
Desktop-Computer mit Monitor	1	2 h/d	1	4 h/d
Laptop	1	2 h/d	1	4 h/d
Fernseher	1	2 h/d	1	4 h/d
Spielekonsole	1	0,5 h/d	1	2 h/d
Tablet	1	0,5 h/d	1	1 h/d
Sprachassistent	1	–	1	–
Smartphone	1	2,5 Jahre (Nutzungsdauer)	1	1,5 Jahre (Nutzungsdauer)
Router	1	24 h/d	1	24 h/d
Smarte Lampen	1	–	20	–
IoT-Kleingeräte (z. B. Fitness-Tracker)	–	nur Herstellungsaufwand	5	nur Herstellungsaufwand
IKT-Dienstleistungen				
Datenmenge im mobilen Internet	–	5 GB/Monat	–	15 GB/Monat
Musikstreaming	–	1 h/d	–	2 h/d
Videokonferenzen	–	1 h/d	–	2 h/d
HD-Videostreaming	–	1 h/d	–	4 h/d
Online Storage	–	10 GB genutzte Speicherkapazität	–	250 GB genutzte Speicherkapazität

Quelle: IZT; Deutschland auf dem Weg zur Klimaneutralität: Welche Chancen und Risiken ergeben sich durch die Digitalisierung? – in Anlehnung an Gröger et al., 2020 (https://www.kfw.de/PDF/Download-Center/Konzernthemen/Research/PDF-Dokumente-Studien-und-Materialien/KfW_Digitalisierung_Klimaschutz.pdf; S. 75)

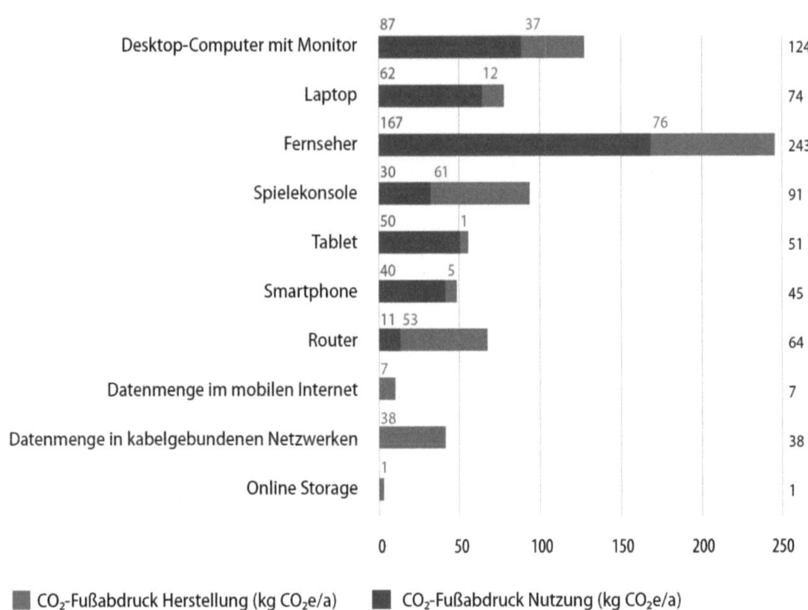

Abb. 2.3 CO_2 Fußabdruck Herstellung und Nutzung in kg CO_2e bei durchschnittlicher Nutzung. (739 kg CO_2e/a)

Pro Endverbraucher entstehen pro Jahr ca. 740 kg CO_2e, bei intensiver Nutzung sogar 1050 kg (Grießhammer et al., 2021, S. 76). Im Verhältnis zu den jährlichen pro Kopf Emissionen in Deutschland von rund 11 t CO_2e ergeben sich Anteile von durchschnittlich 7,8 % (Grießhammer et al., 2021, S. 76), was vor dem Hintergrund, dass die tägliche Nutzung an und die Ausstattung von IKT Geräten in Zukunft eher zu- als abnehmen wird, besonders problematisch ist. Auch wird deutlich, dass der Herstellaufwand für IKT-Geräte eine beträchtliche Rolle spielt und bereits bei durchschnittlicher Ausstattung 447 kg beträgt (Grießhammer et al., 2021, S. 77). Vor allem Fernsehgeräte, Spielkonsolen und Computer sind für einen vergleichsweise hohen Wert an Treibhausemissionen verantwortlich und

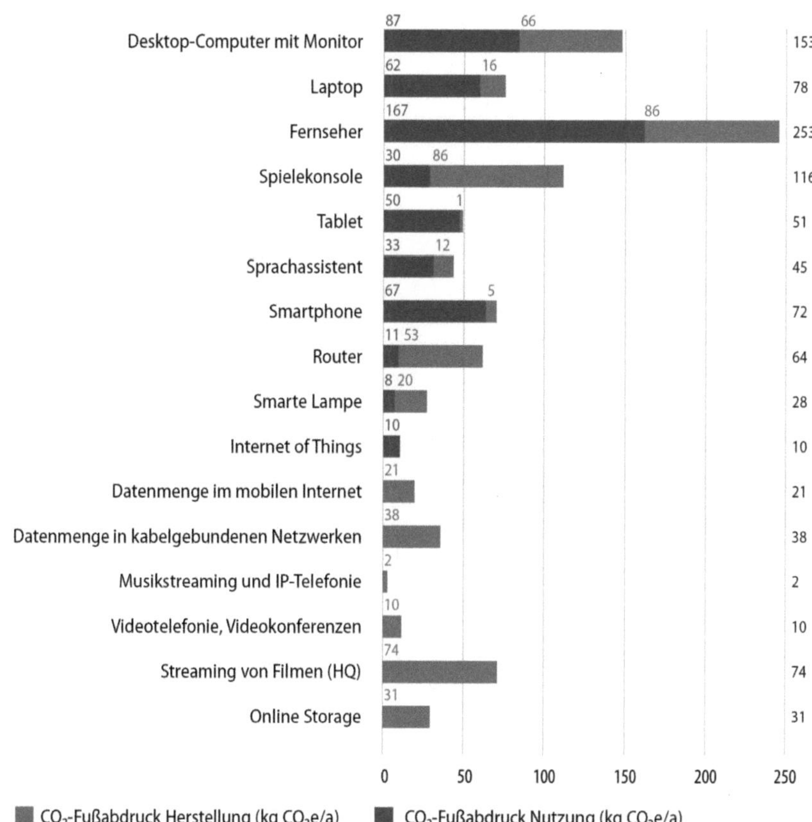

Abb. 2.4 CO_2 Fußabdruck Herstellung und Nutzung in kg CO_2e bei intensiver Nutzung. (1046 kg CO_2e/a)

führen bei intensiver Nutzung bereits zu 346 kg CO_2e pro Jahr. Hinzu kommt, das mobiles Internet, Musikstreaming, Videotelefonie und Online Storage zusammen für rund 140 kg Emissionen pro Jahr verantwortlich sind – Tendenz steigend.

Exkurs: Zum Abschluss noch ein paar Facts & Figures zu Google
Wieviel Speicherplatz benötigt Google?

- Suche: 850 TB
- Analytics: 220 TB
- Base: 2 TB
- Earth: 70,5 TB
- Suchverlauf: 4 TB

Insgesamt benötigt Google allein schon 1146,5 Terabyte
P.S.: Google hat 4 Petabyte an RAM!
Laut dem jüngsten Nachhaltigkeitsbericht verbrauchten **Googles Rechenzentren im Jahr 2024 insgesamt ca. 30,8 Mio. Megawattstunden (MWh) Strom** – also etwa **30,8 Terawattstunden (TWh)** über ein Jahr hinweg. Zum Vergleich:
Der durchschnittliche Stromverbrauch eines **Haushalts in Deutschland** liegt bei etwa **3500–4000 kWh pro Jahr**.
→ **30,8 TWh** könnten also theoretisch den jährlichen Strombedarf von rund **7,7 Mio. Haushalten decken** (30.800.000 MWh ÷ 4 MWh).
→ Das ist mehr als die Zahl der Haushalte in vielen deutschen Großstädten zusammen.

2.4   Digitale „Hamsterhaltung" – Mythos der „grünen Cloud"

Kleiner Selbsttest

- Wie viele Bilder haben Sie im Foto-Ordner oder in der Cloud?
- Von wann ist das älteste Bild?
- Wie oft greifen Sie auf alte Bilder zu?
- Wie oft greifen Sie überhaupt auf Bilder zu?

Mit den Anfängen im Bereich der Webdienste Ende der 1990er-Jahre und später der Virtualisierung von Servern entstand die Nachfrage nach vergrößerten Speicherkapazitäten von Daten, die sogenannte Cloud Dienste entstehen ließen. Cloud Computing hat sowohl die Arbeits- wie auch die private Nutzerwelt massivst verändert und steht stellvertretend für die Möglichkeit, Speicher und Rechenleistungen nahezu unbegrenzt über das Internet abzurufen. Was heute als Cloud bezeichnet und somit eher immateriell und im wahrsten Sinne des Wortes als „Wolke" wahrgenommen wird, existiert jedoch tatsächlich als physisches Netzwerk von Servern, die Daten hosten, auf die sich über das Internet zugreifen lässt. Vereinfacht ausgedrückt handelt es sich bei Cloud Computing um eine Verbindung zu Onlinediensten, die sowohl Daten wie Fotos, Dokumente oder Videos hosten als auch ganze Infrastrukturplattformen oder Streaming-Inhalte. Cloud Computing ist inzwischen integraler Bestandteil einer jeden modernen Organisation (und macht deshalb auch einen großen Teil der Ausgaben für die IT-Infrastruktur aus), allerdings sind auch zunehmend private Nutzer auf Cloud-Dienste angewiesen. Sobald eine E-Mail-Adresse z. B. über Gmail angelegt wird, DropBox genutzt oder Speicherkapazitäten von mobilen Endgeräten erweitert werden (z. B. Apple Cloud) wird bereits Cloud genutzt.

Bei allen Vorteilen, die Cloud Computing inzwischen mit Blick auf Datenverwaltung und Speicherkapazitäten bietet, ist jedoch nicht zu vernachlässigen, dass durch die gefühlt unbegrenzten Möglichkeiten inzwischen eine Art „digitale Hamsterhaltung" betrieben wird, die sowohl auf institutioneller wie auch auf privater Seite zu deutlichen Problemen führt. Digitale Hamsterhaltung beschreibt an dieser Stelle das weit verbreitete Phänomen, digitale Inhalte, Datenbestände und Dateien im großen Stil zu horten (sprich: zu speichern), getreu dem Motto: *Speichern ist billiger als löschen und wer weiß, wozu man die generierten Daten nochmal braucht.* Die gespeicherten Daten werden dabei in den seltensten Fällen vorselektiert, systematisch archiviert, gelöscht oder strukturiert, was inzwischen zu riesigen Datenfriedhöfen auf immer größeren Servern mit immer höheren Kosten und Speicherkapazitäten führt. Das massive Speichern von Daten hat sowohl auf institutioneller wie auch auf individueller Ebene vielfältige Ursachen: zum einen begünstigen niedrige Preise bei Cloud-Diensten und Speichertechnologien die Bereitschaft, Daten eher zu „sichern" als zu löschen. Zum anderen greift genau an dieser Stelle die psychologische Komponente: Daten werden heutzutage als potenziell wertvoll und nützlich angesehen, was zu einer präventiven Speicherbereitschaft führt in der häufig unbewussten Haltung, diese irgendwann noch mal nutzen zu müssen. Begünstigend für diese Haltung spielen gerade in Deutschland auch rechtliche Komponenten wie Dokumentationspflichten, Compliance Vorgaben und Datenschutz, die gerade bei Unternehmen zu einer massiven Anhäufung von Daten beitragen. Verstärkt wird diese Tatsache auch durch automatisch generierte Back-Ups, Log-Dateien oder Sensoren, die Daten im großen Stil horten und Informationen generieren ohne gleichwertig veraltete zu löschen. Dies ist mit eine Ursache dafür, dass der Anteil an Dark- aber auch ROT-Data in der vergangenen Jahren

Abb. 2.5 Cloud Computing in Zahlen

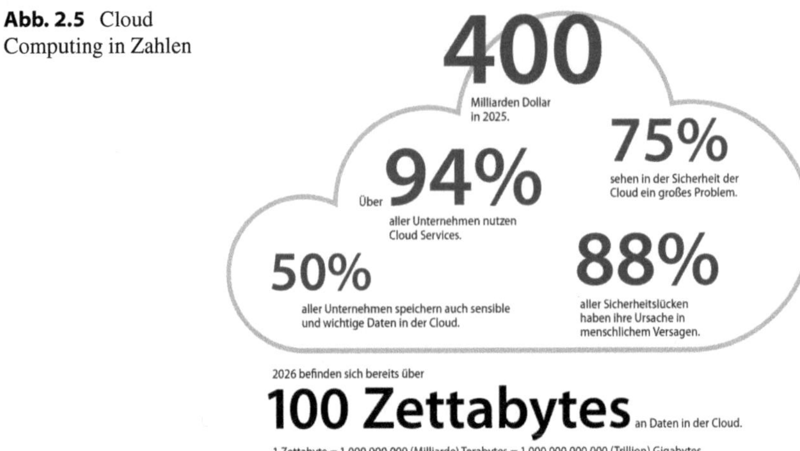

massiv zugenommen hat und damit einhergehend auch ein zunehmender „Datenwust" herrscht, der häufig mit Verlust von Übersicht und dem Verlorengehen wirklich wichtiger Informationen einhergeht. Dies hat nicht nur organisatorische und sicherheitsrelevante Implikationen, sondern auch ökologische: jedes Bit an gespeicherten Daten, sowie jede „Datensuche" erfordert physische Speicherinfrastruktur, deren Betrieb im großen Stil Energie verbraucht und damit direkt zu CO$_2$-Emissionen beiträgt. Die „digitale Hamsterhaltung" ist damit nicht nur ein Symptom moderner Informationsgesellschaften, sondern auch ein unterschätzter Faktor im Kontext der digitalen Vermüllung (Abb. 2.5).

Digitale Alltagspraktiken und ihr CO₂ Fußabdruck {#3}

3

3.1 E-Mails und Newsletter

Schätzfragen

Wie viele E-Mails umkreisen täglich den Globus?
Welcher Anteil davon ist Spam?
Wie viel Prozent eines Arbeitstages nimmt durchschnittlich die Bearbeitung von E-Mails ein (z. B. durch Lesen, Archivieren, Antworten, Weiterleiten …)?
Wie viele ungelesene E-Mails schlummern weltweit in Postfächern?
Wie lang ist die längste bisher bekannte Betreffzeile einer Mail?
Wie viele Mails schickt der/die durchschnittliche Büroangestellte pro Tag?
Wie viel Gramm CO_2 verursacht eine durchschnittliche Mail?

Gab es im analogen Zeitalter noch den sprichwörtlichen „Papiermüll" auf dem Schreibtisch zeigt sich ein physisch „clear desk" heute digital durch überfüllte Posteingänge des E-Mail Kontos, ungeordneten Dateiordnern oder SharePoints sowie in abonnierten aber nie gelesenen Newslettern. Die Forschung spricht über dieses Phänomen inzwischen als ‚Alltagspraktik der Akkumulation', bei der Daten selbstverständlich und teils sogar vollautomatisch gespeichert, gesichert und archiviert werden, ohne dass ihr Nutzen ausreichend oder überhaupt reflektiert wird (Rosa, 2016). Die scheinbar unbegrenzten Möglichkeiten von Speicherumgebungen begünstigen dieses Verhalten überdies. Dass die problematische Seite dieser Praktik darin besteht, dass Daten nicht im „luftleeren Raum" existieren, sondern auf physischen Servern liegen, die ihrerseits durch hohen Energiebedarf ökologische wie auch ökonomische und organisatorische Kosten verursachen, die im normalen

© Der/die Autor(en), exklusiv lizenziert an Springer-Verlag GmbH, DE, ein Teil von Springer Nature 2026
F. Kempner, *Die digitale Vermüllung*, essentials,
https://doi.org/10.1007/978-3-662-73313-4_3

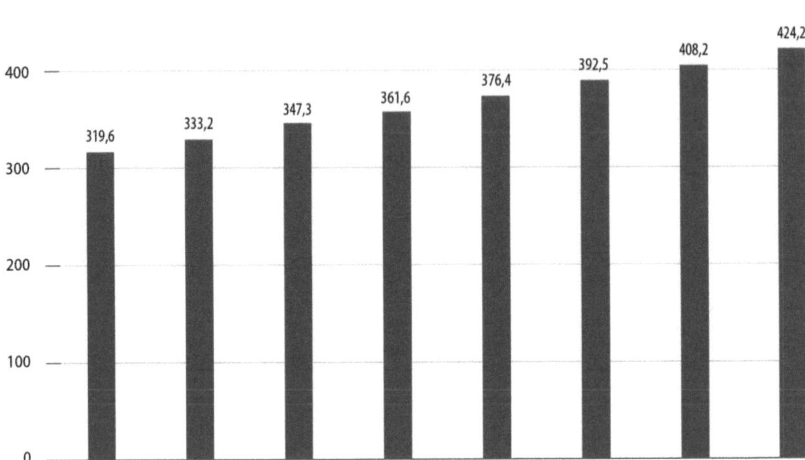

Abb. 3.1 Prognose zur Anzahl der täglich versendeten und empfangenen E-Mails weltweit bis 2028. (In Milliarden)

Alltag jedoch oft „unsichtbar" bleiben, wurde in den vorherigen Kapiteln bereits erläutert (Hilty & Aebischer, 2015). Datenhortung ist die moderne Form einer speziellen Vermüllung, die besonderes Ausmaß durch die alltägliche Nutzung von E-Mails erfährt.

In der digitalen Kommunikationsstatistik liegt E-Mail als Medium auf Platz 1. Täglich umkreisen circa 330 Mrd. Mails den Globus (Radicati, 2021), Tendenz steigend. Erste Prognosen sagen für das Jahr 2028 bereits eine Schätzung von 424 Mrd. voraus (Abb. 3.1).

Besonders problematisch: Knapp die Hälfte aller versendeten und empfangenen E-Mails können als Spam klassifiziert werden, wobei Newsletter in diesem Kontext eine besondere Erwähnung bedürfen: sie sind heute ein wichtiges Marketinginstrument und ein zentraler Treiber der digitalen Akkumulation. Erste Studien zum Umgang mit Newslettern zeigen jedoch, dass ein erheblicher Teil niemals geöffnet, geschweige denn komplett gelesen wird, sie dennoch aber gespeichert, aufbewahrt und damit gesammelt werden, sodass Postfächer verstopfen und Datenfriedhöfe entstehen, die gleichzeitig enorm viel Speicherplatz einnehmen, da gerade Newsletter häufig durch Animationen und Bilder angereichert sind (Adwan et al., 2023). Hinzu kommt das Risiko, dass gerade Newsletter oftmals auch schädliche Links enthalten können, welche auf Phishing Seiten führen oder Malware Inhalte verbreiten. Vor dem Hintergrund weltpolitischer Geschehnisse ist in diesem Kontext interessant zu erwähnen, dass im Jahr 2023 der größte Anteil an unerwünschten Mails aus Russland stammte (rund 31,5 %), mit großen Abstand gefolgt von China und den USA (jeweils 11 % aller Spam Mails) (Statista, 2024).

Phishing Mails – „Sondermüll" im digitalen Alltag
Phishing Mails sind eine besondere Form unerwünschter digitaler Kommunikation. Sie erzeugen nicht nur Datenmüll, sondern setzen gezielt auf die Täuschung von Nutzerinnen und Nutzern mit dem Ziel, besonders sensible Daten wie Kreditkarteninformationen, Online Banking Daten oder Passwörter abzugreifen. Damit unterscheiden sie sich von klassischen Spam Mails, die eher Werbung und Betrugsangebote enthalten. Die Gefahr bei Phishing Mails liegt insbesondere in der meist professionellen Gestaltung, sodass sie sich kaum von normalen E-Mails unterscheiden lassen. Dadurch gelangen sie auch meist in das normale Posteingangsfach und nicht in den Spam-Ordner. Sie haben nicht selten professionelle Logos, Corporate Designs oder Muster bekannter Institutionen, was sie auf den ersten Blick für den Laien nicht sofort als auffällig klassifiziert. Um Daten zu erlangen nutzen Phishing Mails das sogenannte Social Engineering. Das bedeutet, dass weniger mit technischen Angriffen gearbeitet wird, sondern mit psychologischen Mechanismen, wie z. B. Zeitdruck („Ihr Konto wird bei ausbleibender Reaktion in den nächsten 24 h gesperrt."), Angst („Wir haben unregelmäßige Kontobewegungen entdeckt.") oder Neugier („Wichtige Nachricht zu XY in Ihrem Kundenportal."). Die damit verbundenen Links sind in der Regel manipuliert, die zu täuschend echt gestalteten Webseiten führen und dort durch das Öffnen von weiteren Links oder Anhängen Schadsoftware installieren. Erkennen lassen sich Phishing Mails an den folgenden Indizien:

- Abweichung von Absenderadressen in häufig sehr minimalem Stil (z. B. nur durch eine Zahl statt einem Buchstaben, wie z. B. 0 statt O oder einem Punkt statt einem Ausrufezeichen)
- Dringlichkeit und Drohungen
- Befremdliche Anrede
- Links und Anhänge mit der Bitte, diese Anzuklicken
- Sprachliche Auffälligkeiten

Phishing Mails tragen massiv zur digitalen Vermüllung bei, da sie Spam-Filter belasten, Speicher- und Rechenkapazitäten beanspruchen und damit zu unnötigem Energieverbrauch in Rechenzentren beitragen. Darüberhinaus bestehen massive Risiken in Bezug auf wirtschaftliche Schäden. Das unaufmerksame Anklicken von Phishing Mails und damit die Preisgabe sensibler Daten sowie potenzieller Erpressungsversuche stellen Unternehmen nicht selten vor Kosten in Milliardenhöhe.

Exkurs – Der Fall Leoni AG
Im Jahr 2016 wurde das Unternehmen Leoni AG (ein Nürnberger Kabel- und Bordnetzhersteller und weltweit eines der größten Automobilzulieferer) Opfer eines sogenannten CEO-Fraud, was eine besonders raffinierte Form des Phishings darstellt. Die Mitarbeiter der Finanzabteilung erhielten dabei vermeintlich echte E-Mails vom Vorstand, in denen sie aufgefordert wurden, hohe Geldbeträge auf ausländische Konten zu überweisen. Auch hier wurden Social Engineering Techniken genutzt sowie auf spezielle interne Abläufe Bezug genommen, sodass die E-Mails täuschend echt waren. Der daraus resultierende Schaden – neben einem erheblichen Reputationsschaden – belief sich auf 40 Mio. €, welches als „Lösegeld" an die Täter überwiesen wurde. Mit Blick auf die Umweltbilanz bedeutete diese Angriff auch eine besondere Form der Ressourcenverschwendung, da zusätzliche IT-Sicherheitsmaßnahmen ergriffen werden mussten, Serverprüfungen und -kontrollen durchgeführt sowie bei Kommunikationsprozessen zusätzlich besondere Filter eingesetzt werden mussten.

Während Phishing und Spam-Mails aufgrund ihrer besonderen Charakteristika eine ganz eigene Art der digitalen Vermüllung darstellen, erzeugen auch „normale" E-Mails im Rahmen von privater und Geschäftskorrespondenz einen nicht unerheblichen Anteil an CO$_2$-Belastung. Nach Schieb (2023, S. 25) ist davon auszugehen, dass eine E-Mail, abhängig von Umfang und Anhang, zwischen 4 und 50 g CO$_2$ erzeugt. Da die meisten E-Mails geschäftlich versandt werden und somit in der Regel Abbinder enthalten (die häufig als Bilddokument interpretiert werden können), liegt der generalistische Durchschnittswert bei 10 g pro Mail, was ungefähr der CO$_2$-Bilanz einer Plastiktüte entspricht.

Auch wenn dieser Wert auf den ersten Blick eher trivial erscheint, sollte nicht außeracht gelassen werden, wie hoch das tägliche E-Mail Aufkommen weltweit ist. Damit summiert sich dieser scheinbar geringe Wert zu einem nicht unerheblich ökologischen Fußabdruck. Schätzungen zufolge kann davon ausgegangen werden, dass allein nur durch E-Mails jährlich mehr als 150 Mio. t CO_2-Äquivalente freigesetzt werden (zum Vergleich: mittelgroße Industriestaaten, wie Bangladesch erzeugen pro Jahr ebenfalls an die 150 Mio. t CO_2). Das größte Problem liegt dabei entgegen vielfältigen Annahmen nicht in der einzelnen Übertragung, sondern in der Speicherung und Verarbeitung in Rechenzentren. Gerade auf institutioneller Ebene ist das Speichern und die Archivierung von E-Mails in schier exorbitanten Größenverhältnissen Gang und Gebe, ohne mit Blick auf die CO_2-Bilanz eines Unternehmens kritisch reflektiert zu werden. Mit Blick auf die Nachhaltigkeitsberichterstattung ist dies jedoch ein Aspekt, der nicht vernachlässigt werden sollte. Ein durchschnittlicher Büromitarbeiter versendet z. B. pro Tag ca. 40 E-Mails (inklusive sogenannter Short-Mails, die lediglich ein „Bitte" oder „Danke" enthalten). Je nach Branche entspricht das Lesen und Beantworten von E-Mails während eines Berufslebens ca. 2 Jahre Arbeitszeit, zu der zusätzlich noch das Sortieren, Archivieren und Aufräumen von E-Mail Postkästen hinzukommt. Viele Mails werden dabei noch nicht einmal gelesen, vor allem dann nicht, wenn auf Empfängerseite eine E-Mail lediglich zu Informationszwecken dient (z. B. durch Nutzung der CC oder BCC Funktion). Schätzungen gehen aktuell davon aus, dass weltweit ca. 200 Mrd. ungelesene E-Mails in Postfächern liegen, also ca. 25 pro Erdbewohner. Auch diese müssen in Rechenzentren gespeichert werden. Je nachdem wo der entsprechende E-Mail Server steht, ergibt sich eine unterschiedliche Klimabilanz: während ein Server in Schweden, der durch Wasserkraft gespeist wird, als relativ emissionsarm gilt, ist die gleiche Infrastruktur in Ländern mit hohem Kohleanteil deutlich klimaschädlicher.

▶   **Funfact** Die längste, bisher bekannte Betreffzeile einer E-Mail ist 4000 Zeichen lang – länger als viele ganze Mails!

Vor diesem Hintergrund wird die alltägliche Praxis des „E-Mail Checkens" Teil eines globalen Nachhaltigkeitsproblems. Bei knapp der Hälfte aller Berufstätigkeiten wird die Inbox pro Tag 3–5-Mal geöffnet, Büromitarbeiter greifen 11–36-Mal pro Stunde auf E-Mails zu, was im Schnitt alle 2–5 min sind. Abgesehen davon, dass dadurch Arbeitsflüsse sowie generell das konzentrierte Bearbeiten von Aufgaben oftmals unterbrochen werden, ist die E-Mail Nutzung und damit der Zugriff auf private wie auch vor allem berufliche Inboxen inzwischen schon zu eine Art Reflex geworden. Neben den klimaschädlichen Aspekten hat dies auch psychologische wie organisatorische Nebenwirkungen. Überquellende Postfächer, unbearbeitete E-Mails und ein ständiger Maileingang werden häufig mit Stress, Überforderung und Produktivitätsverlust in Verbindung gebracht. Die zunehmende

Fragmentierung von Arbeit geht mit einem hohen Technostress einher, wobei ständige Unterbrechungen durch neue Nachrichten massive Auswirkungen auf die kognitive Leistung und damit auf die Konzentrationsfähigkeit haben (Mark et al., 2012). Auch das Nicht-Löschen von Newslettern, Spam, automatischen Antworten oder veralteten Mails trägt zu psychologischen Belastungen bei, da dies – z. B. suggeriert durch Markierungen wie Fettschrift oder blaue Balken – das Gefühl der permanent offenen Jobs suggeriert, was sich wiederum negativ auf die Arbeitszufriedenheit auswirken kann (Sumecki et al., 2011).

Die Nutzung von E-Mails und Newslettern sowie die Hortung und unreflektierte Speicherung von E-Mails hat somit direkte Effekte auf die Klimabilanz in vielfältiger Hinsicht. Mit Blick auf das Thema der digitalen Vermüllung zeigt sich besonders deutlich anhand des Vergleichs zwischen einer E-Mail und einer Plastiktüte, dass die vermeintliche Reduktion von Briefverkehr zugunsten der E-Mail Kommunikation zwar analoge Papierberge einspart, deshalb aber nicht zwangsweise umweltfreundlicher ist. Begünstigt wird die negative Klimabilanz vor allem durch die Tatsache, dass das Medium E-Mail aufgrund seiner einfachen Handhabung oftmals viel zu schnell und unbedacht genutzt wird. Mindestens die Hälfte aller Mails bestehen heute kaum noch aus zwei Zeilen, enthalten oftmals nur ein „Bitte" oder „Danke" oder werden als CC/BCC und Weiterleitungen gleich mehrfach und damit redundant produziert. Dadurch erhöhen auch Mails den Anteil an ROT und Dark Data enorm, was – mit Blick auf den gesamten CO$_2$-Ausstoß – bei ausreichender Reflexion deutlich reduziert werden könnte.

3.2   Online Meetings – die dunkle Seite der Macht

Schätzfragen

Wie viel CO$_2$ pro Teilnehmer verursacht ein einstündiges Online Meeting mit Video?

Wie viel km Autofahrt mit einem Verbrennermotor entsprechen einer Stunde Video-Call?

Wie viele unnötige oder nie wieder verwendete Dokumente, Präsentationen oder Screenshots werden durchschnittlich nach einem Online Meeting gespeichert?

Wie viel Gigabyte Daten produziert ein einstündiges Video-Meeting bei 4 Teilnehmenden durchschnittlich?

Wie sehr erhöhen virtuelle/künstliche Hintergründe den Datenverbrauch pro Meeting?

Wie viel Zeit verbringt ein durchschnittlicher Büromitarbeiter circa in online Meetings?

Wie viele „Danke für das Meeting"- oder „Hier die Präsentation"-E-Mails landen nach einem durchschnittlichen Meeting pro Teilnehmer im Postfach?

Die digitale Transformation hat Arbeits- und Kommunikationsprozesse in den letzten Jahren tiefgreifend verändert. Durch den Wandel von der analogen zur digitalen Umgebung und vor allem getrieben durch die Corona Pandemie nehmen Online-Meetings inzwischen einen festen Bestandteil im Kontext von „New Work" ein. Wo vormals Reisen, Konferenzräume, Flipcharts und Präsentationsmappen dominierten, regieren heute Zoom und Teams-Calls die Meeting-Landschaft. Einerseits ermöglichen sie flexibleres Arbeiten, die Einsparung von Zeit und Ressourcen (z. B. durch das Wegfallen von Reisekosten) sowie die globale (projektbezogene) Zusammenarbeit. Andererseits besteht die Annahme, dass sie deutlich klimafreundlicher und mit Blick auf die CO_2-Bilanz vermeintlich emissionsärmer sind als herkömmliche Meetings. Doch so effizient und ressourcenschonend Online-Meetings angeblich sind, haben sie eine bisher wenig beachtete Schattenseite, die – analog zu E-Mails – in unsichtbaren CO_2-Emissionen durch Datenmüll sowie einer besonderen Form des „Meeting Fatigue" begründet liegt.

In Bezug auf die Meetingfrequenz lässt sich zunächst feststellen, dass vor allem seit der Corona Pandemie deutlich mehr Zeit in Besprechungen verbracht wird, als es noch vor 2020 der Fall war. Erste Studien geben dazu Zahlen an, die pro Beschäftigten im Durchschnitt von mehr als 250 % mehr Zeit sprechen (Microsoft Work Trend Index, 2022), wobei ein Online Meeting per definitionem dann vorliegt, wenn sich mindestens zwei Parteien synchron online treffen mit der vordergründigen Absicht, Arbeitsthemen zu besprechen. Tendenziell verbringt heute jeder normale Büromitarbeiter mindestens 3 h pro Tag in Online Meetings, was bei einer 5 Tage Woche mehr als 15 h entspricht (Microsoft Work Trend Index, 2022). Führungskräfte weisen Umfragen zufolge sogar mehr als 20 h Meetingzeit pro Woche auf (Market.biz, 2025). Diese auch als inflationäre Meetingkultur bezeichnete Entwicklung führt inzwischen zu einer Überfülle an Interaktionen, die oftmals nur eine geringe Substanz aufweisen. Dies liegt bereits in dem Umstand begründet, dass es inzwischen besonders einfach ist, kurzfristig einen Video-Call zu initiieren und – ähnlich wie bei E-Mails – damit Arbeitsflows zu unterbrechen. Vor diesem Hintergrund hat sich in jüngster Zeit der Begriff des „Video Call/Meeting Fatigue" etabliert. Aus dem französischen stammend beschreibt der Begriff die psychophysiologische Erschöpfung, die durch ständige Bildschirmpräsenz und das gleichzeitige Jonglieren mit Chatnachrichten, E-Mails und kollaborativen Tools entsteht (Bennett et al., 2021). Das digitale Stressempfinden wird maßgeblich durch die

Macht der ständigen Erreichbarkeit und der Illusion von Produktivität gesteigert, denn effektiv verlangsamt die Quantität von Online Meetings (die der Qualität oftmals entgegensteht) konzentrierten Output von Wissensarbeit. Vor allem die Reproduktion ähnlicher bzw. wiederkehrender Meeting-Abläufe, wie Monday Morning oder Check-In Runden, Dailys oder Status Updates verbrauchen nicht nur Zeit, Aufmerksamkeit und Energie – der Informationsgewinn steht häufig in keinem Verhältnis zum Ressourcenverbrauch, denn jedes Meeting erzeugt durch (oftmals überflüssige) Chatprotokolle, Aufzeichnungen, geteilte Präsentationen und Whiteboards digitale Spuren und damit Datenmüll.

Exkurs: Welcher Meeting-Typ sind Sie?

Finden Sie es heraus unter: https://survey.lamapoll.de/Welcher-Meeting-Typ-bin-ich-

Die Antwort anhand von Punkten finden Sie hier:

Auswertung: Welcher Meeting-Typ bin ich?

0–15 Punkte: Der Vermeeter

Dein Terminkalender ist vollgestopft, sodass du oft in die Situation kommst, von einem Meeting zum nächsten zu springen. Auch fragst du dich oft im Nachgang: warum war ich da jetzt dabei bzw. warum habe ich mich jetzt beeilt?

Tipp: Verordne dir und deinem Terminkalender eine Diät und hinterfrage bei allen nächsten Terminanfragen, ob es deine Präsenz wirklich erfordert. Denn auch wenn es schwer zu glauben ist: Termine funktionieren auch manchmal gut ohne Dich!

16–32 Punkte: Der Untermeeter:

Du bist schon auf einem sehr guten Weg. Dein Terminkalender gibt dir durchaus Freiraum für Pausen und deine daily work. Manchmal bist du noch in Meetings gefangen, deren Sinnhaftigkeit du im Nachhinein hinterfragst.

Tipp: In Zukunft noch besser die Meetings mithilfe der W-Fragen prüfen und deinen Kalender noch mehr hinsichtlich Pausen und Freiräumen entschlacken.

33–48 Punkte: Der Meeter

Dein Terminkalender ist bereits sehr gut sortiert und deine Meeting- und Terminanzahl halten sich in Grenzen. Du nimmst nicht zwingend an jedem Meeting teil so dass du kaum oder gar nicht in die Situation kommst, mit unnötigen Meetings wertvolle Arbeitszeit zu verschwenden.

Tipp: Weiter so! Vielleicht kannst du zukünftig noch neue Meetingstrategien und Informationskanäle erschließen.

Neben den physiopsychologischen Auswirkungen von Online-Meetings ist vielen Nutzern die Auswirkung auf die Klimabilanz und damit dem CO_2-Ausstoß nur in den wenigsten Fällen bewusst oder gar bekannt. Statistisch ist davon auszugehen, dass eine Stunde Videokonferenz mit fünf Teilnehmenden rund 4–5 kg CO_2 durch Energieverbrauch der Endgeräte und Server produziert (IEA, 2023), sowie durchschnittlich 2–4 GB Speicherkapazitäten benötigt. Dies entspricht ungefähr einer Autofahrt (mit Verbrennermotor) von 11 km. Hinzu kommen weitere ‚Energiefresser‘, die durch das Teilen von Präsentationen, Dokumenten oder dem Nutzen der Chatfunktionen entstehen. So ist z. B. davon auszugehen, dass pro Meeting ca. 10–20 gesonderte Dateien entstehen, da viele Teilnehmende Screenshots, Protokolle, Aufzeichnungen oder Präsentationen „für alle Fälle" abspeichern. Auch anschließende E-Mails i. S. v. „Hier ist die Präsentation" oder „Danke für Eure Teilnahme" (statistisch gesehen ca. 5–7 im Nachgang von Meetings) erhöhen mit unnötigen Informationen den nachgelagerten „Meeting-Datenverbrauch". Hinzu kommt, dass in Online-Meetings inzwischen vielfach virtuelle Hintergründe zum Einsatz kommen. Diese sind ebenfalls spezielle „Umweltsünder", da sie ca. 20–30 % mehr Daten (aufgrund ihrer Berechnung und Übertragung) als Echtzeit-Hintergründe verbrauchen. Online-Meetings stellen vor diesem Hintergrund eine massive Bedrohung für die Klimabilanz dar, da ihre Auswirkungen mit Blick auf die CO_2-Generierung in der Regel nicht bekannt sind.

> **Funfacts Online Meetings**
> 40 % aller in Online-Meetings besprochenen „To Do's" werden danach nicht ausgeführt.
>
> 21,4 % aller Mitarbeitende empfinden die meisten Meetings als reine Zeitverschwendung.
>
> 94 % sind der Meinung, dass Meetings besser vorbereitet werden müssen.
>
> 41 % aller Meetings haben kein Protokoll oder eine adäquate „Nachsorge", sodass Ergebnisse im Sande verlaufen.
>
> 33 min könnten pro Woche mindestens eingespart werden, wären alle Meeting-Teilnehmende pünktlich und die Technik vorbereitet.

3.3   Instant Messaging Dienste – Digitale Vermüllung durch Kommunikationstechnologien

Schätzfragen

Wie viele WhatsApp Nachrichten werden weltweit täglich verschickt?
Wie viele Minuten Sprachnachrichten verschicken WhatsApp-Nutzer weltweit pro Tag?
Wie viele GIFs werden durchschnittlich pro Minute über Messaging-Apps wie WhatsApp oder iMessage verschickt?
In einer typischen WhatsApp-Gruppe mit 10 Teilnehmern: Wie oft wird dasselbe Urlaubsfoto im Durchschnitt mehrfach hochgeladen oder weitergeleitet?

Die heutige digitale Kommunikation – beruflich wie auch privat – findet längst nicht mehr nur auf der Ebene von Telefon, E-Mail oder Videokonferenzen statt, sondern verlagert sich gerade in den letzten zwei Jahrzehnten signifikant in den Bereich von Instant Messaging. Instant Messaging (IM) steht dabei für die synchrone, text- und medienbasierte Kommunikation über digitale Netzwerke, wobei vor allem die nahezu sofortige Übermittlung von Nachrichten zwischen zwei oder mehreren Endgeräten, oft ergänzt durch Funktionen wie Dateiübertragung, Sprach- und Videonachrichten, Emojis oder Statusanzeigen, charakteristisch ist. Im Unterschied zur klassischen E-Mail-Kommunikation sind IM-Dienste für eine fortlaufende Konversation in Echtzeit konzipiert und zielen auf permanente Erreichbarkeit sowie kurze Reaktionszeiten ab. Auch wenn diese Kommunikationsform aus dem heutigen Leben nicht mehr wegzudenken ist und viele Vorteile hinsichtlich Flexibilität und Geschwindigkeit inkludiert, trägt sie jedoch zu einem erheblichen Maße zur digitalen Vermüllung bei. Vordergründig dazu zu nennen sind redundante Chats, laufende Backups und massenhafter Medienversand, die inzwischen beeindruckende wie auch zugleich erschreckende Zahlen liefern: im Schnitt werden heute täglich 150 Mrd. Nachrichten allein nur über WhatsApp versandt zuzüglich Milliarden an Stickern, Emojis, GIFs (ca. 2 Mio. pro Minute) und Sprachnachrichten (durchschnittlich 1 Mrd. min pro Tag, was 16,6 Mio. h entspricht) (WhatsApp Statistics, 2025). Sie alle binden enorme Speicher- und Rechenressourcen, denn die meisten aller Nachrichten werden nach erstmaligen Konsum nie wieder geöffnet, geschweige denn weiter verwendet. Zudem besteht ein Großteil der Nachrichten aus Kleinstnachrichten und schnellen Reaktionen (z. B. Smileys, Danke/Bitte oder automatisierte Antworten), wodurch das Datenvolumen zusätzlich massivst beansprucht wird (WhatsApp Statistics, 2025). Gruppenchats bei WhatsApp oder während Online Meetings, die Kommunikation via Slack oder TeamsChat oder einfach nur das Setzen von Emojis an E-Mails stellen ein weiteres Problem für Datenmüll dar, da die dadurch entstehenden Kopien von Daten bzw. in diesem Fall von (Sprach-)Nachrichten, Bilder, Emojis, etc. (z. B. wird eine E-Mail, auf die vermeintlich lediglich mit einem Emojis als Kurzreaktion reagiert wird, datentechnisch gesehen noch einmal verschickt), in einer schier unendlichen Menge fabriziert werden. Grundsätzlich sind Chat-Backups in diesem Kontext auch eine ernstzunehmende Problematik mit Blick auf die CO_2-Bilanz. Wenngleich es ungemein praktisch ist, z. B. bei einem Gerätewechsel alle Chatnachrichten mit einem Klick wiederherzustellen oder auf Bilder und Videos aus längst vergangenen Zeiten zuzugreifen, so persistieren dennoch über Jahre hinweg veraltete Medien jedweder Natur in lokalen Speichern und Clouds und binden erhebliche Speicherkapazitäten. Die „Angst" wichtige Dokumente zu verlieren oder auch das „Schwelgen in Erinnerungen" ist oftmals ein natürliches Hindernis, regelmäßig diese Daten aufzuräumen und digitale Papierkörbe zu entleeren. Zudem wird im sozial-digitalen Interaktionsalltag kaum noch zwischen wichtigen und unwichtigen Informationen unterschieden, da viele Nachrichten (wie z. B. „Guten Morgen-Grüße" oder Sticker) Ausdruck heutiger Kommunikationsrituale sind. Fortlaufende Reaktionen, automatisierte Nutzungskopien und Updates sowie kontinuierliche Erweiterungen (z. B. von Apps) vergrößern desweiteren stetig die Datenmengen.

Ein Tag im Leben eines Whatsapp Gruppenchats mit 10 Teilnehmenden
07:30 Uhr – Guten-Morgen-Runde
10 „Guten Morgen"-Nachrichten + 5 Emojis ⭕
Speicherverbrauch: ca. 0,01 MB (vernachlässigbar)
Aber: Alle Nachrichten werden *10-fach* in Backups gesichert → *100 Kopien* von banalen Textschnipseln.
09:00 Uhr – Urlaubsfoto
1 Teilnehmer schickt ein Urlaubsfoto (5 MB).
4 andere Teilnehmer leiten es weiter oder posten ähnliche Bilder.
Ergebnis: 5 Fotos × 10 Geräte = 50 Kopien + 10 Cloud-Backups → 100 gespeicherte Versionen desselben Motivs.
Speicherverbrauch: ca. 500 MB (0,5 GB) – für *ein* Foto.
11:00 Uhr – Sprachnachrichten-Duell
6 Teilnehmer schicken sich insgesamt 20 Sprachnachrichten à 1 min (je ~ 1 MB).
20 MB pro Gerät × 10 Geräte = 200 MB.
Mit Cloud-Backup: 400 MB.

Fun Fact: 70 % dieser Nachrichten werden nie ein zweites Mal angehört.

15:00 Uhr – GIF-Party

15 GIFs (je ~ 0,5 MB) aus Spaß.

15 × 10 Geräte = 150 MB.

Mit Backups: ~ 300 MB.

19:00 Uhr – Sticker-Feuerwerk

3 neue Sticker-Pakete werden heruntergeladen (~ 5 MB je Paket).

3 × 5 MB × 10 Geräte = 150 MB.

Mit Cloud-Backup: 300 MB.

Tagesbilanz

Textnachrichten: vernachlässigbar

Fotos: ~ 0,5 GB

Sprachnachrichten: ~ 0,4 GB

GIFs: ~ 0,3 GB

Sticker: ~ 0,3 GB

Gesamt: ca. 1,5 GB pro Tag (nur eine kleine Gruppe mit 10 Personen!)

3.4   Streaming und Social Media

Schätzfragen

Wie viele Stunden Videomaterial werden pro Minute auf YouTube hochgeladen?
Wenn alle Netflix-Nutzer:innen gleichzeitig eine Stunde in 4 K streamen würden – wie viel CO$_2$ würde das ungefähr verursachen?
Wie viele Stunden haben Nutzer:innen 2021 weltweit auf Twitch gestreamte Inhalte geschaut?
Wie viele TikTok Videos werden im Schnitt täglich hochgeladen?

YouTube, TikTok, Netflix, Instagram oder Twitch gehören als digitale Plattformen mittlerweile zu den zentralen Alltagspraktiken moderner Gesellschaften. Sie stellen nicht nur eine Form der digitalen Unterhaltung dar, sondern offerieren in großen Stil auch Lern- und Wissensinhalte, Kommunikationsformen sowie kulturelle Beiträge, die sie von den bisher eher linearen und begrenzten Massenmedien wie Fernsehen und Radio signifikant unterscheidet. Durch ihre permanente Verfügbarkeit und schier endloser Auswahl an Inhalten stellen sie in besonderem Maße ein großes Problem für die CO$_2$-Bilanz dar. Streaming bedeutet nichts anderes als den fortlaufenden Transport hochauflösender Datenpakete durch globale Netzwerke, die von Hochleistungsrechnern betrieben werden. Zunehmende Qualitätsanforderungen (z. B. 4 K Auflösung) tragen zudem zu einem exponentiellen Wachstum von Datenmengen bei. Allein Youtube verzeichnet eigenen Angaben zufolge über 500 h neue Inhalte pro Minute, auf TikTok verbringen die meisten User im Durchschnitt 90 min pro Tag wobei täglich rund 35 Mio. neue Videos hinzukommen (Google, 2023). Auch Netflix gibt Nutzungszeiten von oftmals mehreren Stunden am Stück an, was die Plattform auch aktiv durch per Algorithnus generierte Empfehlungen und automatisch startende Episoden bei Serien unterstützt. Das gleiche gilt auch für Youtube Channels, die per Autoplay das nächste Video starten oder endlose Feeds bei Facebook oder Instagram. Die Konsequenz ist nicht nur eine schnell wachsende, digitale Konsum-Endlosschleife, sondern auch Medienkontrollverlust und Aufmerksamkeitsdefizite. Das weltweite Video-Streaming hat allein im Jahr 2022 rund 306 Mio. t CO_2 generiert, was ungefähr vergleichbar mit den gesamten jährlichen Emissionen Spaniens ist. Das Problem potenziert sich, da die Nachfrage nach immer höheren Auflösungen wächst: HD-Streaming verursacht im Schnitt 2–4 g CO_2 pro Minute, 4 K sogar ein Vielfaches (The Shift Project, 2019). Ein einstündiger Serienabend in 4 K kann somit energetisch einem Kurzstreckenflug gleichkommen.

Digital Decluttering – Lösungsansätze und Handlungsstrategien

4

Durch den Einzug der Digitalisierung in den institutionellen wie auch vor allem privaten Raum sowie die heute schier unbegrenzten Möglichkeiten, Daten zu hochauflösenden Inhalten zu verarbeiten, wurde die Gestaltung von Arbeit, Kommunikation, Unterhaltung und Verwaltung signifikant beeinflusst: einerseits tragen übervolle (E-Mail) Postfächer, redundante Dateien, permanenter Kommunikationsdruck durch Instant Messaging und Medienkonsumverhalten in „Endlosschleifen" zu Überforderung und Technostress bei – ein Zustand, der sich laut Eppler und Mengis (2004) auch als Overload oder digitale Unterordnung beschreiben lässt – andererseits fördert die Speicherung und Übertragung von Daten einen immer größer werdenden ökologischen Fußabdruck und steigert signifikant CO_2-Emissionen, da Rechenzentren als physische „Datenanlage" zu den größten Strom- und Energieverbrachen der Welt zählen.

Das sogenannte Digital Decluttering gewinnt in diesem Kontext an Bedeutung. Analog zum „Minimalismus" im physischen Raum verfolgt es das Ziel, digitale Räume von Überflüssigem zu befreien, bewusste Strukturen zu schaffen und Ressourcen effizienter einzusetzen. Dabei geht es nicht allein um individuelle Selbstorganisation, sondern auch um die kritische Reflexion digitaler Alltagspraktiken: Muss jede E-Mail unbegrenzt gespeichert werden? Müssen mehrere Versionen ein und derselben Präsentation existieren? Ist das geteilte Urlaubsbild in Gruppenchats unbedingt nötig und muss der „Endlos-Serien-Marathon" auf Netflix sein?

Im Folgenden werden daher Lösungsansätze und Handlungsstrategien aufgezeigt, wie im digitalen Alltag sowohl auf institutioneller wie auch auf privater/ individueller Basis Datenmüll eingespart und der ökologische Fußabdruck durch Digital Decluttering deutlich verringert werden könnte. Ziel ist es, nicht nur kurz-

F. Kempner, *Die digitale Vermüllung*, essentials, https://doi.org/10.1007/978-3-662-73313-4_4

fristig Ordnung zu schaffen, sondern durch Routinen und technische Lösungen dauerhaft eine ressourcenschonendere Digital- und Kommunikationspraxis zu etablieren.

4.1 E-Mail Decluttering

E-Mail-Kommunikation ist vor allem im beruflichen Kontext nach wie vor das Medium Nummer 1. Im Vergleich zu IM-Diensten und Chats, wie z. B. Teams oder Slack, die ebenfalls auf organisatorischer Ebene hoch im Kurs stehen, nimmt E-Mail in der subjektiven Wahrnehmung jedoch eine Art „Sicherheitsfunktion" ein, was vordergründig an dem als offiziell empfundenen Charakter dieser Kommunikationsart liegt. Zudem ist der Umgang mit Outlook und den daran anhängigen Funktionen, wie Kalender, Abwesenheitsnotizen, Nachverfolgen und Wichtigkeitsgraden inzwischen routiniert in der Anwendung. Wie Abschn. 3.1 jedoch aufgezeigt hat, gehört die E-Mail-Kommunikation zu den größten Quellen digitaler Überlastung, die es gilt, im digitalen Kommunikationsalltag mit Blick auf den ökologischen Fußabdruck zu hinterfragen. Einfach in den praktischen E-Mail-Alltag zu integrieren sind folgende Maßnahmen:

Redundante Höflichkeitsmails und Reaktions-Emojis vermeiden
Auch wenn es oftmals zur Kultur oder einem respektvollen und höflichen Miteinander gehört, sich für erledigte Aufgaben oder Rückmeldungen zu bedanken, so verursachen diese kurzen E-Mail-Nachrichten, die teils bereits von Outlook sogar schon vorgegeben werden, massenhaft Datenmüll. Dazu gehören auch neueste Funktionen, wie die Reaktions-Emojis, da auch in diesem Fall die ursprüngliche E-Mail 1:1 wieder retour geht. Um das zu vermeiden, wäre es besser, zumindest bei der internen Kommunikation Vereinbarungen zum Verzicht auf Bitte/Danke Mails bzw. Reaktions-Emojis zu treffen, denn das spart nicht nur Datenvolumen, sondern auch Arbeitszeit. Eine datenschonendere Alternative ist bei wirklich wichtiger Kommunikation das Arbeiten mit Lesebestätigungen und Wertschätzung in Bezug auf erledigte ToDo's können stattdessen auch anders kommuniziert werden wie z. B. durch einmal im Monat bewusst initiierte Teamrunden.

Anhänge und Signaturen optimieren
Wie in Kapitel 3.1 bereits dargestellt, kann eine normale E-Mail in der CO_2-Emission mit der einer Plastiktüte gleichgesetzt werden. Beinhaltet sie noch einen großen Anhang (wie z. B. Präsentationsfolien oder größere Dokumente), vergrößert sich auch der ökologische Fußabdruck. Auch hier gilt: in der internen Kommunika-

tion sollte auf E-Mail-Abbinder konsequent verzichtet werden, ebenso auf Hinweise zum Datenschutz oder zur Position und Funktion des Absenders. Die Einstellungen sind unter Outlook/E-Mail Signature einfach zu finden und sparen bereits eine Menge Daten. Alternativ kann intern auch mit gekürzten Abbindern gearbeitet werden. Statt Anhänge zu versenden, bietet es sich überdies an, Links zu geteilten Dokumenten, SharePoints oder Plattformen zu initialisieren, die nur dann angeklickt werden, wenn die Dokumente auch tatsächlich benötigt werden.

E-Mail freie Zeiten etablieren

Der komplette Verzicht auf Mails ist gerade im Rahmen von Geschäftskorrespondenz und mit externen Kunden kaum möglich. Dennoch kann zumindest intern die Vereinbarung getroffen werden, feste Tage oder Zeitfenster zu etablieren, wo statt mit E-Mails durch andere Kommunikationskanäle kommuniziert wird (z. B. einfach auch mal wieder mit dem guten alten „Telefon"). Das schafft Freiräume, senkt den Datenverkehr und reduziert das Gefühl der ständigen Erreichbarkeit sowie offener ToDo's.

E-Mail Altersschwäche

Aktuelle Schätzungen zeigen, dass ein durchschnittlicher Büromitarbeiter in seinem Posteingangsfach ca. 300–600 ungelesene E-Mails aufbewahrt. Vor allem Newsletter oder auch längere Abwesenheitszeiten (wie z. B. Urlaub) tragen dazu bei, dass Postfächer förmlich überquellen und in den seltensten Fällen regelmäßig und konsequent decluttered werden. Auch das stellt ein massives Problem für das Datenvolumen dar. E-Mail Postfächer sollten daher konsequent einmal im Monat entrümpelt, sortiert und archiviert werden.

▶ **Achtung** E-Mails zu archivieren und nur in verschiedene Bearbeitungsordner zu verschieben ist noch kein „Entrümpeln". Ganz im Gegenteil: Das Umschichten von Mails in verschiedene Themenordner trägt erst recht dazu bei, Datenmüll anzuhäufen, da der Posteingang so zwar im Verhältnis schneller „leer" oder aufgeräumter erscheint, die Daten sich jedoch nur an einem anderen digitalen Ort befinden und die Ordnerstruktur wiederum an sich für weiteren Datenmüll sorgt.

Es gilt daher: E-Mails, die älter als 2 Jahre sind, löschen und wichtige Kontakte bzw. Informationen daraus separat speichern. Statt einzelner E-Mails zu einem Thema lieber die „Antwort" – Funktionen nutzen und längere Unterhaltungen generieren, statt viele einzelne Mails, die im Zweifel den Kommunikationsfluss unterbrechen und aufwendig gesucht werden müssen.

▶ **Funfact** Übrigens: ein durchschnittlicher Büroangestellter verbringt am Tag ca. 36 min damit, nach Informationen im Posteingang und nach bestimmten Mails zu suchen.

4.2   Digital Meeting Decluttering

Spätestens seit der Corona Pandemie sind digitale Meetings zu einem festen Bestandteil organisationaler Kommunikation geworden (Waizenegger et al., 2020). Studien zeigen jedoch, dass die Zunahme virtueller Besprechungen nicht nur zur Flexibilisierung beiträgt, sondern auch neue Formen der digitalen Überlastung („Zoom Fatigue") erzeugt (Bailenson, 2021) und massive CO_2-Emissionen hervorruft, die in der institutionellen Praxis – auch vor dem Hintergrund der Nachhaltigkeitsberichterstattung – noch deutlich zu wenig bis eher gar keine Beachtung finden. Der Begriff *Digital Meeting Decluttering* beschreibt daher eine Strategie, die den inflationären Gebrauch digitaler Meetings hinterfragt und durch bewusstes Reduzieren, Strukturieren und Optimieren zur Effizienzsteigerung und kognitiven Entlastung beiträgt.

Reduktion
Nicht jedes Thema oder jedes Problem erfordert sofort ein Meeting bzw. ein Austausch via Videocall. Informationen und auch kleinere herausfordernde Themen können teils sogar effizienter über asynchrone Kanäle (z. B. Teams Apps, Projektmanagement-Tools, Shared Points etc.) geteilt und bearbeitet werden. Durch klare Vereinbarungen in Bezug auf Kommunikation und Pflege von digitalen Workflows sowie geregelten Strukturen und Zugriffs-Berechtigungen in der digitalen Zusammenarbeit können Redundanzen in der Speicherung von Dateien genauso eingespart werden, wie digitale Meetings.

Strukturierung
Studien haben gezeigt, dass digitale Meetings mit eingeschalteter Kamera deutlich mehr Zeit für die Bearbeitung eines Themas einnehmen, als wenn dieses per Telefon oder asynchronem Medium erledigt wird (Bailenson, 2021). Im Schnitt beanspruchen geplante Meetings 7,5 h pro Woche zuzüglich das doppelte nochmal an Zeit für ungeplante, spontane Besprechungen. Das größte Problem bei digitalen Meetings: fehlende Agenda und Abschweifungen vom Thema, sodass angesetzte Zeiten nicht nur oftmals überzogen, sondern Meetings generell künstlich verlängert werden. Kürzere, klar moderierte Meetings mit Agenda und Fokussierung auf

maximal zwei Themen verkürzen die Meetingdauer erheblich und verhindern signifikante Unterbrechungen im Workflow und der Konzentration.

Effizienz und Meeting-Scrum
Nach einem Meeting vergehen im Schnitt 15 min, bis ein konzentriertes Arbeiten wieder möglich ist. Ist der Arbeitstag mit vielen Meetings unterbrochen oder gibt es sogar viele Docking-Meetings (direkt aneinander geplante Besprechungen ohne Pausen) ist schnell ein Arbeitstag vorbei und die wirkliche Produktivität fraglich. Um die eigene Meetingbilanz und damit den Beitrag zu CO_2-Emissionen zu reduzieren kann die Berücksichtigung folgender Aspekte hilfreich sein:

- **Ziele & Agenda einfordern** – Der Zweck des Meetings ist unklar? Es fehlen in der Einladung die Sitzungspunkte und/oder die Sitzungsziele? Dann das Meeting als solches hinterfragen. Entweder der Organisator präzisiert oder den Termin ablehnen.
- **Eigene Rolle klären** – Ein Meeting wird aus drei Gründen besucht (trifft kein Punkt davon zu -> Meeting ablehnen):
  - Information teilen oder mitnehmen,
  - Entscheidung fällen oder beeinflussen/Verantwortung nachkommen
  - Von Aufgaben berichten oder mitnehmen (Vorsicht vor „zweckentfremdeter Berichterstattung"! Das ist kein Meetinggrund!).
- **Zweck des Meetings an sich anzweifeln** – Informationen können auch über andere Medien, wie Projektsoftaware oder Chats geteilt werden.
- **Immer wieder verschobene Meetings grds ablehnen** und um ein Ergebnisprotokoll bitten.
- **Meeting Anfragen nach der ABCD-Methode beurteilen** (A = Aufgaben, B = Bericht, C = Chaotisch & Chronisch, D = Dringend)
- **Terminkalender blocken** um Zeit für konzentriertes Arbeiten zu haben.

Verzicht auf digitalen „Schnickschnack"
Durch Home-Office und Meetingumgebungen, die zunehmend außerhalb von offiziellen Büros bzw. Räumlichkeiten stattfinden, hat sich inzwischen schon fast wie selbstverständlich die Nutzung künstlicher Hintergründe etabliert. Künstliche Hintergründe sind jedoch genauso wie Reaktions-Emojis große „Datenschleudern", da die Rechenleistung deutlich mehr Bilddaten verarbeiten muss. Dies ist jedoch auch bei live eingeschalteter Kamera der Fall, je nachdem wie komplex die Umgebung des Nutzers ist. Somit sollte bei digitalen Meetings, die oft und zwischen den immer gleichen Personen stattfinden, nach Möglichkeit auf das Einschalten der Kamera generell verzichtet werden und diese nur bei größeren oder offizielleren

Meetings zum Einsatz kommen. Auch das kann eine Absprache innerhalb von Teams sein. Eine weitere Möglichkeit ist das Ausschalten des eigenen Spiegelbilds. Das eigene Spiegelbild ist ablenkend und führt in Videocalls oftmals zu zusätzlichem Stress, da Mimik und Gestik einer ständigen Kontrolle unterliegen. Das behindert nicht nur den Redefluss sondern auch die Konzentration.

Exkurs: Meeting Diät und Praxistipps
Digitale Meetings lassen sich im heutigen Büroalltag kaum vermeiden und auch eine Änderung der Meetingkultur (z. B. Aufgabe von Dailys oder Jour Fix) oftmals nur schwer realisieren. Dennoch gibt Tricks, wie trotz „Meeting-Marathon" CO_2 eingespart werden kann:

- Meeting pünktlich und auf die Sekunde beginnen. Zuspätkommer ignorieren oder knapp begrüßen, aber bereits ausgetauschte Inhalte nicht wiederholen – kostet Zeit und diskreditiert alle, die pünktlich waren.
- Maximal 3 Agenda-Punkte pro Meeting und diese im Vorfeld verschicken. Das Gehirn kann sich eh nicht mehr als 3 Punkte merken. Alles andere ist nicht wichtig und auch nicht dringend (ABCD-Analyse) – Meetings können so effizienter gestaltet werden und „arten weniger aus".
- Faktenmeetings im Sinne von: „Was haben alle diese Woche getan?" erfordern kein Meeting sondern ein gut funktionierendes Kommunikationstool (z. B. Gera, MS Planner oder ToDO) – um Rechenschaft über „Jobs abzulegen" gibt es andere Möglichkeiten.
- Redezeit begrenzen und „künstlich" Meetingzeit verknappen – Meetings ggf. auf Randzeiten legen (kurz vor der Mittagspause oder vor Feierabend)
- Auf Transkripte und Aufzeichnungen verzichten, es sei denn, sie werden aktiv genutzt (z. B. als Protokoll oder zur Auswertung für eine KI)
- Dokumente für Meetings bereits im Termin anlegen und nicht per E-Mail versenden
- Klare Rollen und Verantwortlichkeiten zuweisen und benennen und Teilnehmerzahl kritisch hinterfragen
- Meeting-Regeln festlegen und auf Netiquette achten (Redeanteil, Moderator kommt zuerst und geht zuletzt, Kamera an ja/nein, Aufzeichnungen, Protokoll führen etc.)
- Kamera-freie/Audio-Updates: Nicht jedes Status-Meeting muss mit Kamera stattfinden – audiobasierte oder rein schriftliche Updates entlasten.

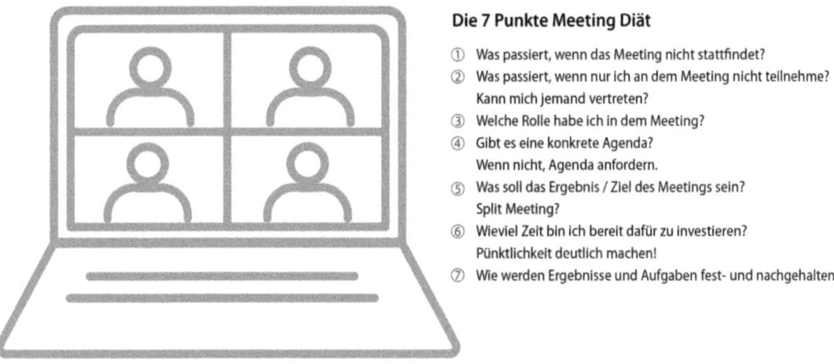

Abb. 4.1 Die 7 Punkte Meeting Diät

- Meeting Ende beachten. 30 min waren eingeplant? Dann ist das Meeting auch nach 30 min beendet – egal ob als Teilnehmer oder Organisator. Das schafft Zuverlässigkeit und Vertrauen.

Um Sinn und Unsinn des nächsten Online-Meetings deutlicher zu identifizieren, bietet sich die folgende 7-Schritte Methode an (Abb. 4.1):

4.3 Instant Messaging Decluttering

Ob über WhatsApp, Teams-Chats, Instagram oder Twitter – Instant Messaging (IM) beschleunigt im digitalen Zeitalter Kommunikation, erzeugt aber auch neue Aufmerksamkeits- und Erreichbarkeitsnormen. Zwei Mechanismen sind dabei zentral: Aufmerksamkeitsreste (attentional residue) nach Task-Wechseln (z. B. während der konzentrierten Arbeit an einer E-Mail entsteht Ablenkung durch eine aufploppende WhatsApp), die die kognitive Leistungsfähigkeit deutlich mindern (es entstehen sogenannte „Switching Kosten") und Multisphere Work – das parallele Bedienen vieler unterschiedlicher Arbeitsumgebungen. Chats begünstigen dabei beide Muster, da sie klein, zahlreich und oft drängend sind bzw. den gefühlten Druck erzeugen, auf nachrichtenbasierten Kanälen sofort reagieren zu müssen. Abgesehen von einem zunehmenden Koordinations- und Technostress, der häufig durch zu viele Informationen und Chatnachrichten ausgelöst wird, hat Kapitel 3.3 bereits aufgezeigt, dass IM auch im großen Stil zur digitalen Vermüllung beitragen.

Durch IM-Decluttering und einem bewusst eingesetzten, mehrschichtigen Interventionsansatz lassen sich jedoch Unterbrechungszeiten, Erreichbarkeitsdruck und nicht zuletzt CO_2-Emissionen deutlich reduzieren:

Default: Asynchron vor synchron
Nicht jede Nachricht oder jede Frage braucht eine sofortige Reaktion. Asynchronität reduziert Switchkosten und nicht selten auch ein „hat sich inzwischen erledigt", sodass Aufmerksamkeits- und Konzentrationszeiten nicht unterbrochen werden. Gerade im institutionellen Kontext sollte in diesem Sinne auch nach Möglichkeit auf ein @all/@here verzichtet werden, denn „Gruppenzwang" erzeugt Reaktionsdruck. Klare Verabredungen innerhalb von Teams bei Dringlichkeitsanliegen (z. B. durch spezielle Kennzeichnungen) können zudem helfen, Nachrichten bereits beim Eingang vorzuselektieren. Bei privaten Chats hilft es, zwischendurch die „Bitte nicht stören" Funktion einzuschalten. So „erwartet" der Absender auch nicht ein sofortiges Lesen oder Reagieren.

Benachrichtigungen bündeln (Notification Batching)
Mit zunehmenden Telestress hat sich in jüngster Zeit der Begriff des *Notifications Batching* etabliert. Dies bedeutet, Nachrichten und Signale zu bündeln und nur in festgelegten Intervallen auszuliefern, anstatt kontinuierlich direkt bei Eingang einzublenden oder auditiv darauf aufmerksam zu machen. Viele Systeme wie Slack oder auch Teams bieten inzwischen einen „Delivery Digest" oder Batch-Modus an. Anstatt jede einzelne Nachricht sofort zu melden, erhält die Person eine Zusammenfassung z. B. jede Stunde. Innerhalb von Teams ist die Etablierung sogenannter Check-Fenster eine Idee. Beispielsweise kann ein Team vereinbaren, dass alle Mitglieder ihre Chats verbindlich um 10:00, 14:00 und 16:30 Uhr prüfen. Dazwischen herrscht „Fokuszeit". Ein maßvolles Batching erweist sich als die produktivste Balance und reduziert zugleich die Anzahl von Nachrichten.

Klarheit über Erwartungen (Anti-Telepressure-Normen)
Das Hauptproblem von IM Diensten ist nicht die Technologie an sich, sondern die implizite Erwartung ständiger Erreichbarkeit und kurzfristiger Reaktionen. Um dem entgegenzuwirken können klare Verabredungen und Richtlinien helfen:

- Antwort-SLAs: Teams können explizit definieren, dass Nachrichten innerhalb von fünf Stunden an Werktagen beantwortet werden, aber nicht zwangsweise sofort.
- Dringlichkeitsmarker: Kurze Kürzel wie „FYI" (nur zur Info), „NBD" (no big deal), oder „Blocking" (wichtig, arbeitsverzögernd) helfen, die Relevanz zu si-

gnalisieren, Missverständnisse zu vermeiden und auf Antworten ggf. ganz zu verzichten.

- Quiet Hours als Standard: Feierabende, Wochenenden und Urlaubstage werden als benachrichtigungsfreie Zeit definiert. Eine klare Kennzeichnung von Abwesenheitszeiten (z. B. bei Teams) reduziert das Nachrichtenaufkommen.

Kanal-Hygiene & Taxonomie

Eine der wesentlichsten Quellen digitaler Vermüllung stellt die Überwucherung von Chat Landschaften dar: zu viele Kanäle, zu viele überflüssige Chats, Themenmischungen, fehlende Moderation und Struktur tragen dazu bei, dass riesige Mengen an Datenmüll produziert werden, die weder zielführend noch inhaltlich sinnvoll sind. Dazu gehören in erster Linie Chats, die während eines Online-Meetings entstehen und oftmals außer „Guten Morgen" und „Danke für die Infos, einen schönen Tag noch" wenig bis gar keinen Content enthalten (Abb. 4.2).

Was vielfach unbekannt ist: Chats lassen sich zwar ausblenden, aber nicht löschen. Auch diese Daten werden gespeichert. Wurden dann während eines Meetings auch noch animierte Emojis oder große Präsentationsdateien in diesen Chats geteilt, steigt aufgrund von Redundanzen der Datenverbrauch massiv an. Um dies zu vermeiden, bieten sich folgende Handlungsstrategien an:

Abb. 4.2 Meeting Chats – Muss das sein?

- Klar getrennte Kategorien in Arbeitsoberflächen: Kanäle für „Information", „Koordination" und „Social/Smalltalk" verhindern, dass arbeitsrelevante Inhalte im Plausch untergehen.
- Archivierung: Inaktive Channels sollten regelmäßig geschlossen oder archiviert werden, um die Komplexität niedrig zu halten.
- Moderation: Durchgesetzt werden sollte, dass Cross-Posting (gleiche Nachricht in mehreren Channels) nur im Ausnahmefall erlaubt ist.
- Während Meetings (oder besser noch: bereits bei der Planung von Meetings) Chatfunktion ausschalten bzw. ausgeschaltet lassen. Dies spart allein über ein Drittel aller CO_2-Emissionen eines Meetings ein und verhindert zudem Ablenkungen durch Chatnachrichten.

4.4   Social Media Decluttering

Eines der heute größten Treiber der digitalen Vermüllung sind Social Media Plattformen und Streaming Dienste. Abgesehen von Aufmerksamkeitsbindung, kognitiver Beeinträchtigung und zeitlicher Fragmentierung sind sie die größten Verursacher einer negativen digitalen CO_2-Bilanz. Das größte Problem liegt dabei in sogenannten Infinite Scroll Sitzungen, die durch automatisierte Algorithmen generiert werden, die Nutzungszeiten dadurch ungewollt verlängern (caught in a loop) und zu Kontrollverlust beitragen. Social Media und Streaming Decluttering verlangen damit eine hohe Disziplin sowie einige technische Einstellungen, die hilfreich sein können, den Medien- und Social-Media-Konsum deutlich zu reduzieren:

Autoplay und Infinite Scroll deaktivieren
In den meisten App Einstellungen lassen sich die Autoplay Einstellungen ausschalten und zum Beispiel Browser Extensions wie News Feed Fradicator oder Unhook (YouTube) nutzen. Erste Studien haben zum Beispiel gezeigt, dass das Ausschalten der Autoplay Funktion bei YouTube pro Session mindestens 25 min einspart und so auch drastisch den Datenmüll verringert. Auch Netflix und Disney+ erlauben, Autoplay am Episodenende zu deaktivieren. Die Streaming Dauer lässt sich pro Woche so um ca. 3–5 h reduzieren (Schaffner et al., 2025).

▶ **Funfact** TikTok testete 2022 in Südkorea eine automatische Pausen-Funktion – Nutzer:innen scrollten im Schnitt 38 % kürzer, wenn der Hinweis erschien.

Der „Next Episode"-Countdown (5 s) auf Amazon oder Netflix wurde bewusst so gesetzt – 10 s hätten die Abbruchrate um 17 % erhöht.

Abschalten von Push Nachrichten und Re-Entry Trigger entschärfen

Der einfachste Weg, um sowohl Ablenkung wie auch die Unterbrechung von Workflows sowie CO_2-Emissionen durch Datenmüll zu verringern ist das Abschalten von Push Nachrichten. So entsteht gar nicht erst die Versuchung, durch „News Feeds" und Neugier weckende Schlagzeilen abgelenkt zu werden und der Weg, aktiv selbst nach Informationen zu suchen, ist deutlich „beschwerlicher". Auch ist hilfreich, Social Media generell nur zu festen Zeiten zu konsumieren und dies zum Beispiel auf die Dauer einer Kaffeepause (Digital Coffee Break) zu begrenzen. Zudem kann es hilfreich sein, Icons von Social Apps in Unterordner zu verschieben oder die Benachrichtigungseinstellung zu deaktivieren.

Streaming Decluttering

Durch das bewusste Anlegen einer Watchlist lassen sich Zapping Zeiten deutlich verringern. Netflix selbst berichtet, dass eine „gezielte Suche" die Abbruchrate halbiert und „Binge-Watching" reduziert (Schaffner et al., 2025). Vor dem Hintergrund, dass 80 % der Inhalte, die z. B. auf Netflix geschaut werden, durch Algorithmen vorgeschlagen werden und nicht, weil sie bewusst ausgewählt wurden, entsteht bereits ein riesiges ungeplantes Datenvolumen. Eine weitere Möglichkeit, CO_2-Emissionen einzusparen ist die Auflösung: HD reicht in 90 % der Fälle – 4 K verbraucht bis zu 4 x mehr Daten und steht in keinem Verhältnis zum tatsächlich empfundenen, visuellen Ergebnis, da bei einem Sitzabstand von > 2 m der Unterschied zwischen 1080p und 4 K eh kaum noch messbar ist. Vor dem Hintergrund, dass eine zweistündige Netflix-Session in 4 K ca. 7 kg CO_2e entspricht (umgerechnet einer 50-km-Autofahrt) sollte das Runterregulieren der Auflösung mit Blick auf die CO_2-Bilanz durchaus eine ernstzunehmende Option darstellen, Datenvolumen einzusparen.

Schluss 5

Digitale Technologien, neue Kommunikationsformen und in jüngster Zeit vor allem die rasante Entwicklung von künstlicher Intelligenz hat die gesamte globale Gesellschaft grundlegend verändert. Neben der Veränderung von sozialem Austausch, der verstärkt digital durch z. B. Instant Messaging geprägt ist, lassen sich auch beschleunigte Arbeitsprozesse, Wissenszugänge und innovative Geschäftsmodelle als Ergebnis einer zunehmend technologisierten und digitalen Umwelt ausmachen. Bei allen mit der Digitalisierung einhergehenden Errungenschaften darf aber nicht übersehen werden, dass dies auch Begleiterscheinungen mit sich bringt, die aufgrund des immateriellen Charakters digitaler Entwicklungen nicht immer im Vordergrund des Bewusstseins stehen. Dieses Essential hat verdeutlicht, dass die digitale Welt und die damit unweigerlich verbundene Generierung von Daten keineswegs eine „saubere" oder „grüne" Sphäre ist, sondern mit handfesten ökologischen und sozialen Kosten korreliert.

Die sogenannte „digitale Vermüllung" steht exemplarisch für eine Entwicklung, die aus der unbegrenzten Verfügbarkeit von Speicherplatz und Datenströmen resultiert. Unnötig aufgehobene E-Mails, redundante Dateien, exzessives Streaming oder der inflationäre Gebrauch von Kommunikationsplattformen erzeugen einen stetig wachsenden Berg an Daten, der enorme Energiemengen verbraucht und die CO_2-Bilanz belastet. Auch wenn sich das vorliegende Essential vordergründig auf ökologische Faktoren fokussiert hat, so sind auch die psychischen und organisatorischen Auswirkungen nicht zu vernachlässigen. Menschen fühlen sich zunehmend überfordert, verlieren den Überblick über ihre „Daten" und leiden unter einem permanenten Informations-Overload, der Konzentration und Lebensqualität mindert und zugleich Druck und Technostress erzeugt.

F. Kempner, *Die digitale Vermüllung*, essentials,
https://doi.org/10.1007/978-3-662-73313-4_5

Andererseits eröffnet die Digitalisierung aber auch Chancen. Sie ist ein Werkzeug, das gestaltet werden kann – und das gleichzeitig verpflichtet, verantwortungsvoll mit Ressourcen, Aufmerksamkeit und Energie umzugehen und bewusste Entscheidungen zu treffen: Welche Daten sind wirklich relevant? Welche Kommunikationskanäle sind sinnvoll? Welche digitalen Dienste unterstützen tatsächlich meine Ziele – und welche lenken eher ab? Wenn Achtsamkeit und Nachhaltigkeit zum Maßstab werden, lässt sich digitaler Fortschritt mit ökologischer Verantwortung verbinden, denn nur weil man digitalen Dreck nicht sieht, heißt es nicht, dass er nicht da ist.

Diese Erkenntnis kann zum Leitsatz einer bewussteren digitalen Kultur werden und somit dazu beitragen, eine digitale Welt zu kreieren, die zukünftig nicht von Daten-Friedhöfen belastet wird, sondern die die Chancen der Technik in den Vordergrund stellt und gleichzeitig Mensch und Umwelt respektiert.

Was Sie aus diesem *essential* mitnehmen können

- **Digitalisierung ist nicht immateriell.** Jede gespeicherte Datei, jede verschickte Nachricht und jedes gestreamte Video erzeugt Energieverbrauch und Emissionen. Die „Wolke" ist kein immaterieller Raum, sondern ein energiehungriges Netzwerk aus Rechenzentren, was immer größere „Daten-Friedhöfe" versorgen muss.
- **Datenmüll kostet Ressourcen.** Unnötige Informationen verstopfen nicht nur Server, sondern binden Aufmerksamkeit und erschweren es, Wichtiges von Unwichtigem zu unterscheiden.
- **Informationsflut belastet Psyche und Organisation.** Die ständige Flut an Nachrichten, E-Mails und Benachrichtigungen erzeugt Technostress und wirkt sich direkt auf Wohlbefinden und Produktivität aus.
- **Nachhaltigkeit beginnt im Kleinen.** Schon einfache Maßnahmen wie regelmäßiges Löschen, selektives Speichern oder die bewusste Wahl energieeffizienter Anbieter helfen, digitale Vermüllung zu vermeiden.
- **Eigenverantwortung ist gefragt.** Wer bewusster mit seinen digitalen Routinen umgeht, leistet einen aktiven Beitrag zum Schutz von Umwelt und Klima und reduziert den digitalen CO_2-Fußabdruck.

F. Kempner, *Die digitale Vermüllung*, essentials, https://doi.org/10.1007/978-3-662-73313-4

Literatur

Adwan, A. A., Kokash, H., Adwan, R. A., & Khattak, A. (2023). Data analytics in digital marketing for tracking the effectiveness of campaigns and inform strategy. *International Journal of Data and Network Science, 7*(2), 563–574.

Andrae, A. S., & Edler, T. (2015). On global electricity usage of communication technology. Trends to 2030. *Challenges, 6*(1), 117–157.

Bailenson, J. (2021). Nonverbal overload. A theoretical argument for the causes of Zoom Fatigue. *Technology, Mind, and Behavior, 2*(1), 1–6.

Becker, H. B. (1986). Can users really absorb data at today's rates? Tomorrow's? *Data Communications, 15*(8), 177–193.

Belkhir, L., & Elmeligi, A. (2018). Assessing ICT global emissions footprint. Trends to 2040 & recommendations. *Journal of Cleaner Production, 177*, 448–463.

Bennett, A. A., Campion, E. D., Keeler, K. R., & Keener, S. K. (2021). Videoconference fatigue? Exploring changes in fatigue after videoconference meetings during COVID-19. *Journal of Applied Psychology, 106*(3), 330–344.

Denning, P. J. (1990). Saving all the bits. *American Scientist, 78*, 402–405.

Enerdata. (2025). https.//energiestatistik.enerdata.net/strom/strom-heimisches-verbrauch-data.html. Zugegriffen am 26.08.2025.

Eppler, M. J., & Mengis, J. (2004). The concept of information overload. A review of literature from organization science, accounting, marketing, MIS, and related disciplines. *The Information Society, 20*(5), 325–344.

Ewing, B., Moore, D., Goldinger, S., Oursler, A., Reed, A., & Wackernagel, M. (2010). *The ecological footprint Atlas 2010*. Global Footprint Network.

Google. (2023). https.//blog.youtube/press/. Zugegriffen am 27.08.2025.

Grießhammer, R., Gsell, M., & Höfner, A. (2021). Digitaler Fußabdruck: CO2-Emissionen der IKT-Nutzung und Optionen für den Klimaschutz. IZT – Institut für Zukunftsstudien und Technologiebewertung.

Gröger, J., Köhn, M., & Stobbe, L. (2020). Energie- & Ressourceneffizienz digitaler Infrastrukturen. Ergebnisse des Forschungsprojektes „Green Cloud-Computing". https.//www.umweltb&esamt.de/sites/default/files/medien/376/publikationen/politische-handlungsempfehlungen-green-cloud-computing_2020_09_07.pdf. Zugegriffen am 26.08.2025.

Grünwald, R., & Caviezel, C. (2022). *Energieverbrauch der IKT-Infrastruktur*. TAB-Fokus.

Haefner, K. (1984). *Mensch & Computer im Jahre 2000*. Birkhäuser.

Hilty, L. M., & Aebischer, B. (2015). *ICT for sustainability*. Cambridge University Press.

Hischier, R. (2015). Life cycle assessment study of a field emission display television device. *The International Journal of Life Cycle Assessment, 20*(1), 61–73.

Icha, P. (2020). Entwicklung der spezifischen Kohlendioxid-Emissionen des deutschen Strommix in den Jahren 1990–2019. Unter Mitarbeit von Gunter Kuhs. Umweltb&samt. Dessau-Roßlau. https.//www.umweltb&esamt.de/sites/default/files/medien/1410/publikationen/2020-04-01_climate-change_13-2020_strommix_2020_fIn:pdf. Zugegriffen am 26.08.2025.

IDC. (2021). Volumen der jährlich generierten/replizierten digitalen Datenmenge weltweit in den Jahren 2012 & 2020 & Prognose für 2025. https.//de.statista.com/statistik/daten/studie/267974/umfrage/prognose-zum-weltweit-generierten-datenvolumen/. Zugegriffen am 25.08.2025.

IEA. (2023). https.//www.iea.org/reports/co2-emissions-in-2022?utm_source=chatgpt.com. Zugegriffen am 27.08.2025.

Mark, G., Voida, S., & Cardello, A. (2012). A pace not dictated by electrons – An empirical study of work without email. In *Proceedings of the SIGCHI conference on human factors in computing systems* (S. 555–564). ACM.

Market.biz. (2025). https.//market.biz/meeting-statistics/. Zugegriffen am 27.08.2025.

Masanet, E., Shehabi, A., Lei, N., Smith, S., & Koomey, J. (2020). Recalibrating global data center energy-use estimates. *Science, 367*(6481), 984–986.

Microsoft Work Trend Index. (2022). https.//www.microsoft.com/en-us/industry/blog/wp-content/uploads/sites/2/2022/06/hybrides_arbeiten_erfolgreich_gestalten.pdf. Zugegriffen am 27.08.2025.

Modick, K., & Fischer, M. J. (1984). *Kabelhafte Perspektiven*. Nautilus.

NASA Science. (2025). https.//climate.nasa.gov/vital-signs/carbon-dioxide/?intent=121. Zugegriffen am 27.08.2025.

Radicati Group. (2021). Email Statistics Report. https.//www.radicati.com/wp/wp-content/uploads/2020/12/Email-Statistics-Report-2021-2025-Executive-Summary.pdf. Zugegriffen am 27.08.2025.

Ratzke, D. (1975). *Netzwerk der Macht*. Societats.

Rosa, H. (2016). *Resonanz. Eine soziologie der Weltbeziehung*. Suhrkamp.

Schaffner, B., Ulloa, Y., Sahni, R., Li, J., Cohen, A. K., Messier, N., et al. (2025). An experimental study of Netflix use and the effects of autoplay on watching behaviors. *Proceedings of the ACM on Human-Computer Interaction, 9*(2), 1–22.

Schieb, J. (2023). *Energiefresser Internet. Warum jede E-Mail ein Klimakiller ist & wie unser digitales Leben nachhaltiger wird*. Redline Wirtschaft.

Statista. (2024). https.//de.statista.com/statistik/daten/studie/4795/umfrage/herkunftslaender-von-spam/. Zugegriffen am 27.08.2025.

Sumecki, D., Chipulu, M., & Ojiako, U. (2011). Email overload. Exploring the moderating role of the perception of email as a 'business critical' tool. *International Journal of Information Management, 31*(5), 407–414.

The Shift Project. (2019). https.//theshiftproject.org/app/uploads/2025/04/Lean-ICT-Report_The-Shift-Project_2019.pdf. Zugegriffen am 27.08.2025.

Tom Corey Esq, C. R. M. (2017). ROT or not? *Information Management, 51*(4), 28–31.

Veritas Value of Data. (2022). Veritas Value of Data Studie. https://www.micestens-digital. de/datenmuell-co2-emissionen/. Zugegriffen am 27.08.2025.

Wackernagel, M., & Rees, W. (1997). *Unser ökologischer Fußabdruck. Wie der Mensch Einfluß auf die Umwelt nimmt.* Birkhäuser.

Waizenegger, L., McKenna, B., Cai, W., & Bendz, T. (2020). An affordance perspective of team collaboration and enforced working from home during COVID-19. *European Journal of Information Systems, 29*(4), 429–442.

WhatsApp Statistics. (2025). https.//grabon.com/blog/whatsapp-statistics/. Zugegriffen am 27.08.2025.